評伝　月形潔

栈　比呂子

海鳥社

本扉写真・多くの人の出入りですり減った樺戸集治監本庁舎（現月形樺戸博物館）玄関の石畳。

はじめに

福岡から遠く離れた北海道に、その名が町名となって残る旧福岡藩士のことを知ったとき、少しこころが動いたのは、懐かしい北国の知人の顔が浮かび再会の口実ができると思ったことが大きかったかもしれない。そのときはまだ、個人の姓が町名になった例は、稀《まれ》だとはしらなかった。

その人の名は月形潔《つきがたきよし》。幕末から明治を生きて四十八年の人生を駆け抜けた人であることだけはわかったが、詳細を知る手がかりは福岡にはほとんど残されていなかった。新旧いずれの『福岡県人名録』（西日本新聞社）にも紹介されていないのだ。ところが北海道では有名人と聞いてさっそく、旅行がてらにと知人に電話で問い合わせた。

月形潔の姓を頂いたという樺戸《かばと》郡月形町を訪ねたのは、平成二十三（二〇一一）年十一月七日であった。月形潔が初代典獄を務めた「樺戸 集治監《しゅうちかん》」を展示再現した月形樺戸博物館が十二月から翌年三月まで冬季休館と聞いて、大急ぎの訪道だった。ＪＲ新札幌駅に、かつて「廃止ローカル線」の取材で散々お世話になった小林恒人氏と伊藤政信氏が待っておられた。三十年ぶりの厚かましさでご案内をお願いしていたのだ。

札幌から北へ五〇キロ、整備された道路を軽快に走り、石狩川に沿って田園が広がる月形町に着いた。駅名から町名まで月形なので、町中に「月形」があふれている。観光マップを片手に西へ東へ車を走らせた。探しまわった目的地に無事たどり着いては、大のおとな三人が一喜一憂するのも楽しく、ドライブと思えば北海道の広さが心地よかった。

樺戸集治監で亡くなった一〇四六人のうち家族に引き取られたのは二十四人で、残る一〇二二人が、役場から三・六キロメートル離れた篠津《しのつ》山の囚人墓地に眠っているという。個人墓四〇六基、合葬墓三基が整然と建ち並び、その数の多さと静寂さに思わず手を合わせる気持ちにさせられる。北漸寺《ほくぜんじ》では囚徒となった日本画家・熊坂長庵《くまさかちょうあん》が描いた観音図を見せていただいた。松本清張は小説「不運な名前」のなかで、「波間から抜け出て空中へ昇る観音菩薩の画像であった。（略）顔は面長で、眉は開き、目は切長で瞳は下をむいている。鼻梁《びりょう》は尖って、唇はうすく、慈悲の観音の面相ではなく年増《としま》女の人間的な顔であった」と書いており、薄い衣に乳房が透けて、表情にも妖しい雰囲気があった。

国道２７５号線と石狩川に挟まれて町民の憩いの場となっている皆楽《かいらく》公園は、かつて暴れ川と猛威をふるった石狩川の直線工事を行い、切り離された蛇行部分が池となったところだという。町内を巡って気がつくと、この地の主な歴史的建造物は、月形潔の碑や像、樺戸集治監本庁舎や石油庫、主な史跡は監獄波止場跡や月形潔上陸の地など、博物館から石狩川へ伸びた道を監獄通りと呼び、至るところに月形潔の時代が息づいていた。

樺戸博物館は明治十九（一八八六）年に再建された集治監本庁舎（初代は焼失）で、黒光りする木造建築の風格があり、足を踏み入れただけで明治時代にタイムスリップした。十四年の開庁から大正八（一九一九）年の廃止までの三十九年間の歴史が一目でわかる豊富な資料やパネルが展示され、集治監という別世界に引き込まれていった。

私はそこで、はじめて月形潔と対面した。口髭をはやし典獄服を着た姿はりりしく、目元に意志の強さがみなぎっている。急ぎ足で館内を巡り、隣接した町役場で櫻庭誠二町長と、次いで博物館名誉館長の熊谷正吉氏にお会いすることができた。

櫻庭町長は初対面の私たち三人を前に、「町の礎を築いてくれた先人に対し、尊敬と畏敬の念を忘れてはならない。月形潔は北海道の生みの親です」と熱く話される。九月三日の集治監開庁記念日には、囚徒を含めたすべての物故者に感謝の意を込めて、「物故者追悼式」を篠津山墓地で行っているという。

熊谷正吉氏は大正十四年生まれ。小柄な体に温かい人柄があふれていた。熊谷氏の功績は何と言っても早くに集治監に関心をもち、散逸する資料の収集と研究に取り組んだことであり、今日の博物館の土台を作った功労者である。祖父が看守をしていた関係で、幼いころから母親にさまざまなエピソードを聞かされて育ったという。北海道開拓のさきがけとなった囚人労働への感謝と、異郷の地で苦役を強いられて亡くなった人々への鎮魂の思いを込めて、雑草に覆われて荒れ果てていた囚人墓地を整備されたという。過去帳、合葬簿、墓籍表と一人ひとりの氏名を全員確認できたときはうれしかったと、熊谷氏は笑みをこぼす。

月形町を一望できる円山《まるやま》の中腹に、大きな「八代典獄記念碑」が建立されている。歴代典獄の紹介と功績が書かれており、初代月形潔の説明は、「この偉大なる功労は開墾の神と崇めるべき人なり」と結ばれていた。

泣く子も黙る鬼の典獄がなぜ、開墾の神として後世の人に慕われているのか。月形潔四十八年の人生を知りたくなった。同行のお二人が精力的に探してくれた北海道関係の資料を手はじめに、私は追跡の一歩を踏み出した。

それが難行苦行の日々が始まる一歩とも知らず……。

評伝　月形潔◉目次

福岡大変

北海道を拓く

ふるさとへ

福岡大変

月形潔誕生

　これは筑前国遠賀《おんが》郡中底井野《なかそこいの》村（現福岡県中間市）から始まる、ひとりの青年が歩んだ波乱の物語である。ときは江戸時代末期、二百七十余年つづいた幕府の財政は逼迫《ひっぱく》し、天保改革など着手するが内部抗争にあけくれて、政治の屋台骨はゆらいでいた。といっても幕府の危機感はうすく、鎖国を楯に泰平の眠りを貪っていたころである。一方民衆は生産と流通の主導権をにぎって経済力をつけ、中央の学者や文化人と交遊しながら視野を広げ、武力的支配では対応しきれなくなっていた。

　そのころ西隣りの鞍手《くらて》郡古門《ふるもん》村（現福岡県鞍手町）には、郷士の子弟教育に力をそそぐ八幡宮（現古物《ふるもの》神社）の神官伊藤常足《いとうつねたり》がいた。彼は儒学を亀井南冥《かめいなんめい》に、国学を本居宣長門下の青柳種信に学び、植木（現直方市）・芦屋・黒崎（現北九州市）・赤間関（現山口県下関市）などに、和歌や国学を教える出張教授所をもち、多くの門人が集まっていた。なかでも女性たちの学問へのエネルギーは、新しい時代を感じさせる新鮮な風を放っていた。

上底井野村の大庄屋有吉長平は、天保三（一八三二）年から上底井野触《ふれ》（大庄屋の管轄区域）を継承し、苗字帯刀を許された家柄で、伊藤常足の門下で大学・論語を学び、俳句もよくした知識人だった。長平は「これからの時代は、百姓町人も読み書きソロバンだけでなく、学問が必要である」との思いを常々つよく持ち、その人材を捜していた。

天保十四年五月九日、中底井野村に福岡から招聘《しょうへい》されたのは、筑前儒学者の家系で名高い月形鷦窠《つきかたしょうか》（質《すなほ》）の四男、月形健（春耕）三十一歳である。健は漢学と書道を教える私塾「迎旭堂」を開いた。村の小高い地に観音堂があり、隣接して迎旭堂の木戸門が見えていたと伝えられる。さっそく入門したのは、二キロ離れた遠賀郡虫生津《むしょうづ》村（現水巻町）の庄屋嶺直平の三男勇《いさみ》（のちに早川養敬）十一歳だった。父直平は有吉家の三男で嶺家の養子となり、病弱な勇の教育はもっぱら伯父の長平に委ねられていた。そのとき勇はすでに『論語』の素読もできていたという。次いで遠賀郡別府村（現遠賀町）菅原神社の上野芳草（のちに皇典研究家となる）、翌年正月には十四歳になった伊藤常足の孫直江が入門し毎日のように通って来た。十代前半の若者たちが「迎旭堂」で学び、若草のように成長していった。

中底井野村は遠賀平野の東部に位置し、弥生時代に大陸からいち早く稲作が伝わったという豊穣な田園地帯のなかにある。東部を流れる遠賀川の対岸は山岳が連なり、近年石炭採掘が盛んに行われて活況を呈していた。

月形健が中底井野村にきて三年がすぎた弘化三（一八四六）年五月二十八日、伊藤常足の縁もあって宗像郡吉木村（現岡垣町）の医師宮崎省庵の娘、七歳下の竹と結婚する。宮崎省庵恒重は、竹の弟恒道と共に伊藤常足の門人で、医業のかたわら和歌を嗜む文化人だった。常足撰の和歌集『岡県集《おかのあがた》』（天保七年三月発行）にも父子ともに作品が収められている。

翌四（一八四七）年六月二十七日、長男直吉が産声をあげた。のちの月形潔である。直吉は気候も人情も穏やかな中底井野の地で、詩文に巧みな父健と医学にも通じた母の愛に見守られて、のびのびと育まれていった。

直吉が生まれて三カ月後の九月、健は、十五歳になる進境いちじるしい勇を「田舎に埋もれさせてはならない」（栗田藤平『雷鳴福岡藩』弦書房、二〇〇四年）と、那珂郡警固村桜谷（現福岡市中央区警固）で「月形塾」を開いている本家の長兄月形三太郎（深蔵）に預けることを決意する。「月形塾」には三太郎の長子で、勇より四歳年長の洗蔵がいた。性格は剛と柔の正反対のふたりだが、すぐに仲良くなった。早川勇の筑前勤王派としての第一歩は、ここ「月形塾」から始まったと言っていいだろう。それはまた、月形潔との長いつき合いの始まりでもあった。

月形直吉が四歳になった嘉永三（一八五〇）年、大伯父三太郎は鞍手郡植木村（現直方市）に招かれて教授所を開く。五十三歳になった三太郎は、持病の疝気《せんき》が悪化して馬廻組を辞し、洗蔵に家督を譲って名も深蔵と改める。そのとき髷《まげ》も切って惣髪姿になっていた。直吉は疎暴と噂されていた深蔵にこわごわ会ってみると、四歳の自分を一人の人間として扱ってくれた。そのことがうれしく、以後足しげく訪ねることになる。深蔵は誠実で飾りっけがなく、身分や年令に関係なく誰とでも交わっていた。また談論が好きで、何時間でもあきることがなかった。

幼い直吉は大伯父に接していると、子ども心にも底知れぬ畏敬の念を抱き、その適度な緊張感が心地よかった。中底井野から遠賀川の土手に沿って上流に歩けば、植木まで子どもの足でも一時間半とはかからない。石炭や米やはぜ蠟を積んだ五平太舟が、川面をかくすほど行き来して活気にあふれている。船頭たちが声を交わす威勢のいい姿を横目で見ながら、植木へ駆けて行くのも楽しみだった。新緑を映す直吉の澄んだ瞳には、好奇心と意志のつよさがあふれきらめいていた。

向学心旺盛な直吉は深蔵の教える四書朱子学を学び、剣術に励み、儒教の精神をもつ正義感のつよい少年に成長していった。深蔵は直吉だけでなく若者を育てることに熱心で、「天朝は天下の君である。幕府は諸侯とともにその臣である」と、明解な論理で朱子学を根元にした大義名分を明らかにし、尊王の大道を説くのだった。嘉永（一八五二）五年になると洗蔵の弟覚（順）が、嘉麻郡（現嘉麻市）や鞍手郡そして木屋瀬（現北九州市）などに滞留して、学問所を開くようになった。

木屋瀬は長崎街道の宿場町で、植木の対岸にあった。十五歳年長の従兄である覚を兄のように慕う直吉は、植木から渡し舟で木屋瀬へ行き、詩文の巧みな覚に教えを乞うのだった。木屋瀬は遠賀川の船着場もあり、川舟で唐津街道へ渡る追分の宿で、往来する旅人でたいそう賑わっていた。木屋瀬宿には本陣・脇本陣・代官所があり、旅籠《はたご》も十四、五軒、酒造業などが建ち並び、「福岡まで十三里三十四町二十五間」の道標が立つ。鎖国時代の長崎は外国との唯一の玄関口で、長崎街道はシーボルトやオランダ商館館長カピタンなども通った道だった。幕末期の志士たちや文人の多くは、宿場の豪商や庄屋の手厚い世話を受けている。月形覚も例外ではなかったらしく、豪商の墓銘を頼まれたとき、「家に通うに恩誼深重」で断ることはできないとの文言を残している。

直吉の少年期は父健をはじめ、月形家の人々によって心身共に育まれていった。長じて伯父長野誠に経学・史学・軍学・剣術と、文武両道を学ぶ。月形一門は互いに交流しながら、筑前における勤王の人材を多く輩出していった。のちに月形潔を評して、「資性鋭敏才智洸洌稀に見る偉材にして、宗家の学を嗣ぎ殊に詩文に巧みであった」（長野暹編・刊『月形家一門』一九三七年）とあり、直吉は「自己愛を捨てることが終生の目標」と定め、儒家月形家の名に恥じぬ青年へと成長して行くのだった。

月形家の人々

『月形家一門』によると、月形家が福岡藩に召し抱えられたのは、天和元（一六八一）年頃にさかのぼるという。初代塩形藤右衛門はもと肥後加藤家の浪人で京都に住んでいたが、菓子製法の巧者と見込まれて福岡三代藩主黒田光之の時代、御台所方三人扶持八石で召しかかえられ、そのときから月形氏を名乗った。二代市作、三代六右衛門と料理方として仕えている。

四代質、号は鷦窠《しょうか》。元来虚弱体質であったが十二、三歳のころ貝原益軒《かいばらえっけん》の『大和俗訓』を読み、「人と生まれて学ばざれば生まれざるに同じ、学びて行はざれば学ばざるに等し」の言葉に触発されて学問を志し、儒学を学ぶ。月形家の儒系は質の代に始まる。天明四（一七八四）年三月、二十八歳で料理方から藩学問所の指南役加勢となった。寛政七（一七九五）年八月京へ上り、鈴木尋思斎《すずきじんしさい》・西依成斎《にしよりせいさい》・若槻幾斎《わかつききさい》・中島棕隠《なかじまそういん》と、江戸では寛政の三博士と呼ばれた柴野栗山《しばのりつざん》・尾藤二洲《びとうじしゅう》・古賀精里《こがせいり》をはじめ菅茶山《かんちゃざん》・古賀侗菴《こがこあん》・頼春水《らいしゅんすい》・頼杏坪《らいきょうへい》・頼《らい》山陽《さんよう》などの知遇を得て、月形鷦窠の名は藩内にとどまらず広く知られるようになったという。

五代三太郎、のち深蔵。号は漪嵐《りょうふう》。寛政十（一七九八）年生まれ。幼いころから父鷦窠の薫陶を受け、朱子学の教えを学ぶ。六歳で「人の為に稗史《はいし》を読むこと成人の如く」と評された。十七歳で父に従って江戸へ行き、儒学者古賀精里らに学んでいる。文政二（一八一九）年二十二歳で家督相続をし、五年に宗像郡赤間茶屋奉行となった。鶴窠には深蔵を頭に四人の男子がいる。二男細江毅は三十歳で夭逝。三男長野誠は軍学・和漢学・諸芸をそれぞれ専門の師に学び、海軍軍法の皆伝を受けるなど、筑前の碩学である。のちに福岡に関する郷土誌・人物伝など多数編纂している。そして四男健が月形潔の父である。儒学をもって藩に仕え、後進の指導に力を注いでいた。

六代洗蔵は文政十一（一八二八）年生まれ。諱《いみな》は詳《つばら》、号は格庵。嘉永三年二十三歳で家督相続し、馬廻組百石を受ける。安政三（一八五六）年、宗像郡大島定番となるが、五年に辞職。文久元（一八六一）年、黒田長溥《ながひろ》の参勤を止め、藩政を攪乱させたとして辛酉《しんゆう》の獄で筑紫郡古賀村に牢居となった。慶応元（一八六五）年十月二十三日、筑前乙丑《いっちゅう》の獄で斬罪に処せられる。享年三十八。

月形深蔵、洗蔵親子は幕末筑前における勤王派の中心人物で、勤王倒幕運動に奔走するが、明治維新を見ることなくこの世を去った。

ペリー来航

徳川の幕府政治が三百年も続いたのは、ひとつに鎖国政策で外界から目をそらしてきたことにあった。嘉永六（一八五三）年六月三日、大砲を装弾した四隻のアメリカ軍艦と兵員五、六十人を率いて、ペリーが浦賀に来航し和親条約調印をつよく迫った。泰平の世になれきった幕府の迷走は、ここから始まったという。アメリカの強引な申し入れに、幕府は右往左往するばかりで、どう扱ってよいのか決めかねていた。

そこで窮した老中阿倍正弘は諸大名に対し、日米条約の可否を尋ねる意見をつのった。そのとき、「ペリーの船に切り込んで、組員全員を虜にしろ！」と攘夷論のうずまく大名のなかでただ一人、福岡藩主黒田長溥だけは、「万国年々開化に赴き武備の心がけ厚く日本のみ永久に鎖国の儀相成らず候」（福岡市市長室広報課編『ふくおか歴史散歩』二巻、福岡市、一九八二年）と、開国を幕府に建白する。通商は許すべきである。とても日本の永久鎖国などできないでしょう、時節到来かと思いますが、と説いたという。但し「先ず年限を定め長崎に於て和蘭同様通商御免」にしてはと平和策も具申している。

ところが幕府が諸大名に尋ねたことがきっかけとなって、藩主だけでなく下級武士や浪人も「攘夷だ」「開国だ」と天下国家を論じ始め、国家意識を惹き起こしてしまったのだ。

翌安政元（一八五四）年正月十一日、ペリーは再び七隻の艦隊で江戸湾口まで迫って来た。幕府はそれをはねかえすことができず、三月三日、日米和親条約に調印し下田と箱館を開港した。寛永十八（一六四一）年から営々二一三年続いた日本の鎖国政策はここに終止符を打った。ペリーは条約締結後に下田に赴くのだが、そのとき起こったのが長州藩士吉田松陰、越前藩士橋本左内らの密航事件である。松陰は自分の目で海外の事情を確かめ、対外策を考えようとしたのだ。停泊中の汽船ミシシッピ号に乗り込もうとしたが密航は失敗し、下田の獄に投ぜられてしまう。幕府は、アメリカとの調印後、さらにイギリス・ロシア・フランス・オランダとも和親条約を締結していった。

その二年後の安政三（一八五六）年七月、駐日アメリカ総領事にハリスが赴任した。目的は幕府と日米修好通商条約を結ぶためである。五年一月には条文も決まり、ハリスは幕府に条約の締結を迫ってきた。返答に窮した幕府は責任転嫁せんがために、そのとき初めて孝明天皇の勅許を願い出た。ところが朝廷は調印につよく反対し、幕府と対立を生む結果となってしまったのだ。

朝廷の思いがけない反発におどろいた幕府は、四月に急きょ彦根藩主井伊直弼《いいなおすけ》を大老に就任させて、事態の収拾を図ろうと画策する。しかし老中の思惑ははずれ、井伊直弼は勅許を無視して、日米修好通商条約に調印してしまう。孝明天皇はその二十日後に届いた老中連盟の奉書を見て、井伊直弼の専断を知り激怒した。朝廷をないがしろにした井伊直弼のやり方は反発を招き、尊王攘夷の気運が一気に盛り上がった。

このころ福岡藩でも天下国家を論じる勤王派が台頭していた。その中心となっていたのが月形深蔵・洗蔵親子である。藩内は勤王と佐幕に二分され、政権争いが起こっていた。安政三年十月十七日に大島定番を命じられていた月形洗蔵は、二年勤めた大島定番を辞め馬廻組に加えられた。同じ年の八月には、藩内尊攘派の平野國臣は天下の形勢を見て、座視することはできないと脱藩し京へ向かった。

井伊直弼は不平不満の声を一掃するため、尊攘派の志士たちの動きを探索して次つぎと逮捕し厳刑を科した。違勅を責める水戸藩家老らには死罪、藩主斉昭《なりあき》には永蟄居《えいちっきょ》と厳しく、その処分は公卿たちにも及んだ。吉田松陰や橋本左内など八人が切腹させられたのが九月。死罪・流罪・追放など百人に及んだ。世にいう「安政の大獄」である。

ペリーが浦賀に来航したとき七歳だった直吉は、そのとき十二歳になっていた。幕末から明治へ向かう激動時代の幕開けだった。これ以後、どれだけ多くの命が無残に散っていくことか。それもわが身辺にも迫っていたことを、まだ直吉は知らなかった

黒田長溥

福岡藩十一代藩主黒田長溥は、薩摩藩主島津重豪《しげひで》の九男で、文化八（一八一一）年三月生れ。文政五（一八二二）年十二月、十二歳のとき福岡十代藩主黒田斉清の養嗣子となった。十一代藩主となったのは天保五（一八三四）年で、二十三歳のときである。長溥は薩摩の豪放な気風をもち、聡明のきこえの高い殿様だった。島津斉彬《なりあきら》とも親しく、ともに蘭癖大名といわれるほどの蘭学好きで、西洋にも目を向けた開明的な人物だった。

幕府は慶長十七（一六一二）年に幕藩体制を強化するためキリスト教禁教令を発布し、併せて大名の海外貿易も禁止。元和二（一六一六）年に中国船以外の外国船の入港地を長崎と平戸の二港に制限し、鎖国政策を強化した。寛永十六（一六三九）年にはポルトガル人を長崎の出島に強制移住させ、来航を禁じた。二年後、オランダ商館を平戸から出島に移して幕府の統制下におき、これで鎖国体制は完成した。福岡藩は寛永十八年から幕府の命により長崎勤番を務め、翌十九年からは佐賀藩と隔年交代で長崎港の警備にあたっていた。この長崎勤番では西洋の文化や学問にふれる機会も多く、父斉清・長溥父子は海外の情報収集に関心を持ち、国際的センスを養って行ったのである。

長溥は弘化三（一八四六）年に幕府へ長崎砲台の増設の申し入れをしたり、翌四年には博多中島町（中洲）に精煉所を開き、鉄砲や鋳物、ガラス、薬品、染料、そして写真や時計など研究し洋式産業を起こした。さらに嘉永四（一八五一）年と安政三（一八五六）年には家臣二十八人を長崎の幕府海軍伝習所に派遣して西洋砲術や航海術を学ばせ、西洋式軍備を導入して軍政改革を図った。しかし保守的重臣らに反発を受けて挫折。藩内には養子の長溥を軽んじ

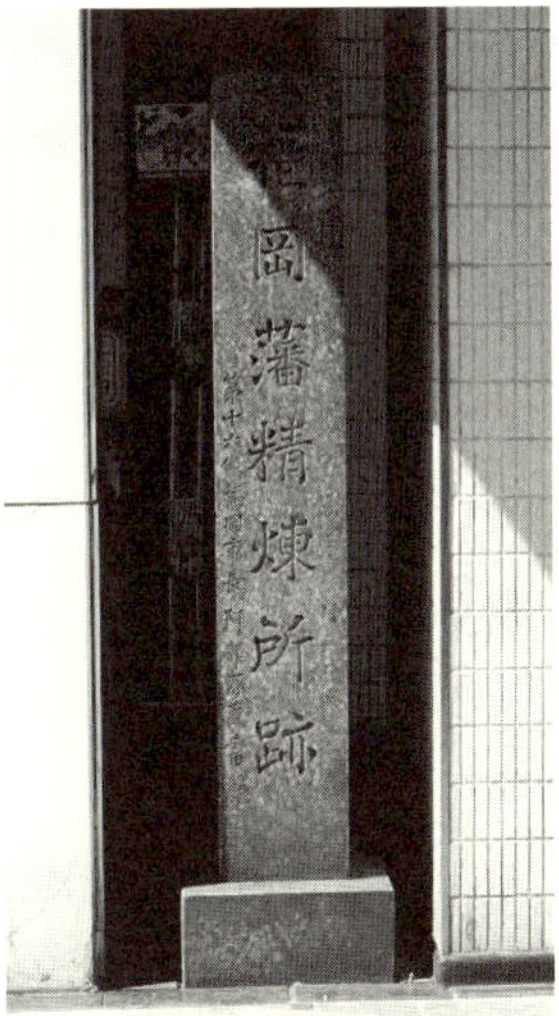

福岡市中洲に建つ
福岡藩精錬所跡碑

る傾向がつよかったという。文久三年から四（一八六三－一八六四）年と、薩摩・長州が外国との摩擦を起こしたことで、海を共有することの危機感をもち、玄界灘に面した藩内三カ所に砲台を構築するなど、開明藩主らしい行動をとっていた。

その一方で長溥は、「文武館」を創設して十六歳から三十歳までの藩士に、皇学・漢学と武芸を講習させて人材育成を図り、また薬用になる植物の産地や効能などを知る本草学や動植物の研究にも熱心で、「本草図」という図譜を書き残している。文久二（一八六二）年にはオランダ医学をとりいれた医学校「賛成館」を設立し、早々に種痘も実施した。

「剛気果断な人、非常に豪快な薩摩的風貌、酒好き、芝居好き。シーボルトが再来日したとき、長崎に何度も訪れて語り合い、解剖学などに大いに興味を示した」（福岡シティ銀行編『博多に強くなろう』第一巻、葦書房、一九八九年）ことなど、地元で語り継がれている。

長溥が「天幕一和」を願う背景には、姉の茂姫が十一代将軍家斉の正室となり、島津斉彬夫人は家斉の姪、斉彬の養女篤姫は家定の正室に入るなど、将軍家とはつよいつながりがあった。朝廷を尊重し、幕府も大切とする尊王佐幕の公武合体派で、倒幕など考えられない立場にあったのだ。

幕末の長溥を見ていると、優柔不断、日和見、そんな歯がゆさを覚えたが、伝統を重んじる保守的な重臣と過激な勤王派の間で、天幕一和を模索する長溥の苦衷を思うと切ないものがある。薩長や筑前勤王派の動きは、暴力的破壊的に思えるのだ。福岡藩主となって在位三十五年間は、歴史的に激動多難の時代で、時勢を見る目を持ちながら、その聡明さが活かされない不運な藩主だった、としみじみ思う。

西郷隆盛と月照

安政の大獄の嵐が吹き荒れていたとき、京にいた西郷隆盛は近衛家から頼まれて、朝廷と志士の仲介役をしていた京都清水寺成就院の勤王僧月照《げっしょう》を、警護して薩摩へ向っていた。十月一日下関に着き、勤王商人白石正一郎居に宿す。西郷は下関で薩摩の島津斉興に会い、月照の庇護を請う予定だったが、一足違いで発船した後だった。西郷は月照とわかれ、斉興の後を追った。翌朝、月照らは下関を発ち、遠賀郡戸畑浦（現北九州市）で下船して陸路を行き、博多に着いたのは三日の明け方だった。大宰府の薩摩藩定宿松屋で西郷を待ちながら、人目を避けて味噌部屋で数日間を過ごしていたという。そこへ京の目明しが小倉に渡って来たとの知らせが入り、一刻の猶予もなくなり追い詰められていた。まだ西郷は帰らない。そのときやはり安政の大獄で筑前に逃れていた平野國臣が松屋に投宿していた。月照の警護を頼むと二つ返事で引き受け、十月二十七日、一行は船で薩摩へ向かった。

米ノ津浦で下船。そこは薩摩で最も堅固な野間原の関所がある。平野國臣らは山伏姿に変じて通り抜けようとしたが、不審者と見られ追い返されてしまった。再び船で阿久根から薩摩領へ入ったのが十一月十日で、その足で西郷を訪ねた。一足先に薩摩に着いた西郷隆盛は薩摩のその変わりように目を疑ったという。安政五年七月に藩主島津斉彬が急逝してのち、再び斉興が藩主になると、それまでの近代化路線は一掃されていたのだ。幕府に追われる月照を薩摩は受け入れず、日向へ行けと門前払いである。十一月十五日、怒った西郷隆盛は錦江湾を日向へ向かう船上から、月照とふたり抱き合って入水した。おどろいた平野國臣らはあわてて二人を引き上げて蘇生を試みると、西郷は一命を取りとめたが、月照は戻らなかった。幕府を恐れる薩摩は、助かった西郷隆盛を奄美大島に流してしまった。

五年七月六日、家定が三十五歳でこの世を去り、十三歳の家茂《いえもち》が徳川十四代将軍となった。翌六年九月、薩摩においても斉興が歿し、久光が藩主に就いた。

直吉は十三歳、洗蔵をはじめ一門の人々の動きが日ましに慌ただしくなり、ただならぬ情況に神経を研ぎ澄ませていた。

桜田門外の変

万延元（一八六〇）年三月三日の大雪の朝、江戸城へ向かう大老井伊直弼は、「大義を正す」と叫ぶ水戸藩脱藩浪士と薩摩藩士らによって、桜田門外で殺害された。日米修好通商条約調印から二年後のことで、井伊直弼は四十五年の生涯を閉じた。

この事件をきっかけに、筑前の勤王派は活発な政治活動を展開し始めた。万延元年は福岡藩の定例参勤の年だったが、藩内は賛否両論に分かれて長溥は参勤を決めかねていた。脱藩して京にいた中村円太や平野國臣は洗蔵らに天下の情勢を伝え、参府不可の意見である。彼らの話を聞いた月形洗蔵は五月六日、長溥に対し、

「在国して富国強兵の策を講ずるか、さもなくして幕府の制度の下に参府致さるゝならば大兵を率いて大決心の下に参府せらるゝが宜しい」（『筑紫史談』第六集、福岡県文化財資料集刊行会、一九六九年）

と建議書を上申した。

しかし長溥は洗蔵らの反対意見を黙殺した。定例では参勤出発は十月で着府は十一月とされていたが、「九月には着府せよ」と老中の呼び出しがあり、八月二十二日発駕と二カ月も予定が早まった。万一を懼《おそ》れた洗蔵は八月一日、長溥に再び面謁を願い出ると、

「在国して藩政及海防に全力を注ぎ一朝事あるに際して天朝のために忠義を尽さねばならぬ」（『筑紫史談』第六集）

と参勤の中止を強く迫ったが、長溥は世上の噂は流言に過ぎない、何かあればそれは運だと取り合わなかった。それでも洗蔵は引き下がらず、連日のように謁見を要望する。洗蔵らが実力で参勤を阻止するという噂も聞こえてきた。危険を感じた長溥は再び洗蔵の謁見を許し、参勤延期を受けいれて八月発駕はとりあえず取り止めとなった。

洗蔵らはさらに、延期ではなく参勤中止を迫り、藩政や保守派の家老たちを批判し、人事刷新まで要求してきた。日ましに勤王派の勢力は活発になっていく。長溥自身は公武合体を勧めるためにも、江戸参勤を急いでいた。延期していた発駕が決まると、それに先立つ万延元（一八六〇）年十一月十四日、「父子同志相謀り、根拠なき事を言い触らし、人心を動揺せしめ、国政を妨げ不法の行為不都合のかど」により、深蔵・洗蔵親子、中村円太、城武平ら三十余人を拘禁した。「庚申《こうしん》の党事」である。深蔵、二男覚は閉門。叔父月形健も連座責任で閉門謹慎処分となった。

文久元（一八六一）年四月五日、江戸から帰国した長溥は、拘禁していた月形一党に流罪六人を含む処分を下した。洗蔵はいったん中老毛利内記に預けられ、五月に古賀村の斉木五三郎の座敷牢に監禁されてしまった。「筑前辛酉《しんゆう》の獄」である。

昨日まで家に出入りしていた人々は遠まきになり、様子を伺いながら声をひそめて話している。藩内では白い目にさらされ、直吉は口惜しさ、情けなさにじっと耐えていた。藩という圧力にあらがう術もなく、鬱屈した日々のなかで、直吉は十五歳になり元服を迎えた。前髪を落とし、名前も修平に改める。

翌文久二年四月五日、深蔵が自宅謹慎のまま病死した。洗蔵は古賀村に牢居の身で父親の死に目に会えず、畳をかきむしり身をよじって慟哭したという。修平にとっても深蔵は、植木の教授所で幼い自分を一人の人間として接し、鍛えてくれた大きな存在だった。人生の指針がぽっかりと消えてしまったような気がしていた。その月の二十三日、京都寺田屋で薩摩藩内の殺戮が起こり、ますます勤王派への監視が厳しくなる。暮も押しせまる十二月九日、修平は父母と共に生まれ育った中底井野村を去り、須恵村（現宗像市）へいっとき身を置いたあと、年明け二月三日に武丸村（同）に移って行った。

文久年間

幕府の公武合体派の重臣たちは、ある苦肉の策を思いついた。それは皇女を将軍家茂の正室として迎え、朝廷の権威を借りてこの危機を乗り切ろうというものだった。この政略結婚に反対する孝明天皇にたいし、「攘夷のため名を捨てて実をとれ」とすすめたのは、公卿岩倉具視である。白羽の矢が立ったのは、孝明天皇の妹和宮だった。和宮は有栖川熾仁《たるひと》親王との婚約を解消し、文久元年十月に京都を発駕。翌年二月に将軍家茂と婚儀がとり行われた。

一方、各地の勤王派志士たちは互いに連絡を取り合いながら、一定の力を育んでいた。筑前の平野國臣も勤王僧月照の逃亡を援護したあと、久留米藩の真木和泉や薩摩藩の急進派と連携しながら、尊攘派志士のなかで頭角を現していた。文久二年二月十一日、西郷隆盛は赦免され奄美大島から戻された。三月、薩摩藩主島津久光は藩兵千余人を率いて、京都へ向かっていた。久光の上京を知った真木和泉、平野國臣、庄内の清河八郎、長州の久坂玄瑞《くさかげんずい》な

平野國臣銅像（福岡市中央区・西公園）

ど勤王派の志士たちは、いまこそ久光を担いで伏見で兵を挙げ大坂城を奪い取るべきだと決意を固め、ぞくぞく京へ集結をはじめていた。ところが久光の真意は、倒幕ではなく公武合体の実現で、逆に過激派浪士の鎮圧のための上京だったのである。そのとき下関にいた西郷隆盛は久光の真意を知って、尊攘派の志士たちを説得しようと京へ急行していた。

同じころ黒田長溥は三月二十七日に博多を出立し、中国路を京に向かっていた。四月十三日播州大蔵谷《おおくらたに》に到着したとき、ひそかに平野國臣が待っていた。「京は不穏な空気に包まれ、いつ戦が起こっても不思議ではない情勢である。いまこそ福岡藩も決起のときである」と進言する。平野國臣の話を聞いた長溥は十三日、巻き込まれては大変と病気と称して大急ぎで福岡に引き返した。「大蔵谷回駕《かいが》」である。臆病風との風説もあるが、実際は耳鳴り、右手のしびれ、肩こりがひどく、体調を崩していたともいう。引き返す長溥に藩士として同行した平野國臣だったが、下関に着くや脱藩の罪で福岡藩の手によって拘束され牢に入れられてしまった。平野國臣が朝廷の命による特赦で桝木屋の獄から解放されたのは、翌年の三月二十九日である。

さて京都に話をもどそう。四月二十三日、薩摩藩士と諸藩の同志が京都寺田屋に宿泊するという情報を得た島津久光は、朝廷から不穏な志士を取り締まる勅令をとり、「抵抗すれば斬れ」と命じて大山格之助（綱良）ら剣客を放った。寺田屋に集まった首謀者ら九人が斬殺され、薩摩の尊攘派は壊滅した。「寺田屋の変」である。このとき急進派の鎮撫にあたった西郷隆盛だったが、久光は急進派を煽動したのではないかと疑い、西郷は薩摩に送還されたあと再び徳之島（のちに沖永良部島）へ遠島処分となってしまった。文久二年六月から元治元（一八六四）年三月までの一年十カ月、島に隔離された西郷は風土病に罹り、それが元で肥満体になったといわれている。

寺田屋で尊攘派を壊滅させて安堵した久光は、公卿大原重徳《しげとみ》とともに六月江戸に到着。公武合体を推進するため、一橋慶喜を将軍後見職に、松平慶永を大老格の政事総裁職に任命させると、さらに五大藩を五大老にと提言する。これによって久光の幕政改革はほぼ成就した。すべてが思い通りにはこび、久光は意気揚々と八月に江戸を発った。ところが、京へ向かう途中武州生麦村（現横浜市鶴見区）で、乗馬中のイギリス商人リチャードソンら四人の、久光の行列にたいする無礼な態度に供回りの藩士が怒り、斬りつけてしまった。一人死亡、二人に重傷を負わせてしまう。この「生麦事件」が、翌年七月の薩英戦争の発端となった。

久光は不快な気持ちのまま京都に着いてみると、寺田屋で鎮圧したと思った尊攘派が勢力を盛り返している。それどころか天に代わって罪あるものを誅伐するという「天誅」が流行し、佐幕派の貿易商人らを公然と血祭りに上げているのを見た。久光は落胆と憤慨とで薩摩に急ぎ帰って行った。

文久二年九月下旬に久光と入れ代わるように、再び長溥は上京し、翌年三月まで天幕一和の実現のため京と江戸を奔走する。翌三年三月に将軍家茂の「勅を奉じて攘夷を実行するという形での」（平野邦雄他『福岡県の歴史』山川出版社、一九七四年）公武合体が実現し、七月には薩摩、熊本、福岡の三藩協同の約束も実現した。長溥は公武周旋《しゅうせん》に尽くした功を認められ、家茂から天盃を賜わった。長溥は十一月十八日に上京。幕府は「福岡藩が二百年間長崎の警衛を滞り無く相務めたと申す事と、公が年来御精勤であった」と長崎勤番が賞されて中将に昇任し、行列に槍三本のお許しがあった。

文久年間は尊王攘夷を高く掲げた長州藩の勢力が増し、三条実美ら尊攘派の公卿と結びつき、朝廷は長州に動かされることが多くなった。本来の尊王は、天皇・朝廷を尊ぶことで、幕府を否定するような思想ではなかった。しかし「安政の大獄」以来、尊王攘夷から尊王倒幕へとすりかわり、尊王論は幕府を倒す旗印となって活動も過激になっていく。長州を信任してきた孝明天皇もその過激さに嫌気がさし、「凶暴の輩」「暴臣」と嫌悪を抱くようになっていた。

文久三（一八六三）年六月、朝廷は処罰中の国事犯の赦免を命じ、月形洗蔵はおよそ二年半ぶりに筑紫郡古賀村の座敷牢から釈放された。その三カ月前には、平野國臣も特赦によって桝木屋から解放されていた。

この年薩摩藩は、前年八月に起こした「生麦村事件」の報復を受ける。イギリスは幕府から賠償金を受け取ると、薩摩藩に対して犯人の処刑と二万五千ポンドの賠償金の支払いを要求した。しかし薩摩藩はこれを拒絶。七月二日、イギリス艦隊七隻が鹿児島湾に進入して交戦が始まった。「薩英戦争」である。イギリス艦隊は燃料が乏しくなり、再び攻撃すると伝え横浜に引き揚げていったが、薩摩は砲台も集成館も破壊され、城下のおよそ一割が焼失し、その力の差は歴然であった。その後和睦を求め講和を結ぶことになる。

五月十日、アメリカ商船が下関海峡を通過の途中、潮流待ちのため田野浦沖で錨を下ろしていた。そこへ長州藩は暗闇に乗じて襲撃をかけ、続けてオランダ船、フランス船にも砲火を浴びせて退散させた。ところがその翌年、元治元（一八六四）八月五日、英仏蘭米の四国連合艦隊十七隻が下関沖に襲来し攻撃を開始。長州藩は下関（馬関）海峡で応戦するも壊滅的な損害を受けて敗北してしまった。

長州・薩摩両藩ともに外国と実際に交戦してみると、あまりにも軍備の差が大きいことを実感したのだった。そして攘夷などと叫んで国を護る無謀さを思い知らされ、開国へ方向転換するきっかけとなった。一方長州も桂小五郎（木戸《きど》孝允《たかよし》）や高杉晋作は攘夷の迷夢から醒め、富国強兵・対外貿易など真剣に考え始めていた。藩の軍事力の強化をめざして、高杉晋作の奇兵隊をはじめ封建的な身分にこだわらない軍隊が結成されていく。薩英戦争を体験した薩摩は、イギリス・フランスへ留学生を派遣し、上海と貿易を開始する。大久保利通らは外交問題をよそに国内戦などしている場合ではないと、統一国家の樹立に向けて動き始めていた。文久年間は日本の針路を変える重要な年となった。

両藩のとばっちりを受けたのは幕府である。英仏蘭米の四国から賠償金の支払いを迫られ、さもなくば開港せよと過酷な条件を突きつけられていた。幕府は責任を問われ、財政難のなかから賠償金を分割で支払うことをしぶしぶ約束するのだった。

八月十八日の政変

文久三（一八六三）年八月十八日未明、孝明天皇は長州藩に「退去の勅命」を下し、宮廷の門が閉ざされた。尊攘急進派の公卿の参内停止、浪士の京都からの追放が実施されたのだ。その日まで京都を制圧し権力を握っていた長州藩は一転朝敵となり、薩摩・会津両藩によって京都から追放された。公卿三条実美をはじめ、三条西季知《さんじょうにしすえとも》、澤宣嘉《さわのぶよし》・東久世通禧《ひがしくぜみちとみ》、四《し》条《じょう》隆謌《たかうた》、錦小路頼徳《にしきこうじよりとみ》、壬生基修《みぶもとなが》の七卿も京を追われ、土佐藩脱藩の中岡慎太郎や土方久元など諸藩の尊攘派を合わせた二千六百人が、再挙を誓って長州へ向かった。「七卿落ち」である。一行は二十七日に山口県三田尻の招賢閣《しょうけんかく》にたどり着いた。

八月十八日のクーデターによって京都から尊攘急進派の勢力は一掃され、公武合体派は政局の主導権を奪い返すことに成功した。「八・一八の変」を知って悲憤慷慨《ひふんこうがい》したのは、平野國臣だった。平野は洗蔵や福岡藩医である鷹取養巴《たかとりようは》らを訪ね、「公武合体論は時代遅れである。いまこそ討幕に向かって決起すべきである」と、出奔して王事に専心するようながした。しかし洗蔵らは「二百年来の恩沢を受けた藩主に背き去るに忍びない。余は陪臣である。今仕える藩主を輔《(助)》けて共に王事を勤めん」（『月形家一門』）と平野の誘いに応えなかった。

平野國臣から鷹取養巴、月形洗蔵、江上英之進、筑紫衛、森安平の五名宛てに永訣状が届いたのは二カ月後の十月である。

「天朝立ちて各藩立ち、神州有りて各国有り、何ぞその末に泥《なず》みて、その基本を助けざらんや」（日下藤吾『討幕軍師平野國臣』叢文社、一九八八年）と、福岡藩勤王党のふがいなさを非難し、七卿のひとり澤宣嘉を説得して主将に迎え、十月十二日、但馬生野《たじまいくの》（現兵庫県生野町）で挙兵した。生野代官所を占領するが姫路・豊岡の藩兵によって平野は捕縛され、京都六角の獄に収容された。澤宣嘉は敗走していった。

突然京を追われ長州に戻った久坂玄瑞らは、急に態度を変えた天皇の勅令に納得がいかなかった。もう一度京に上り天皇を取り戻さなければならない。そのためには死も覚悟のうえで、反撃の機会をうかがっていた。

翌四年四月十九日、土方久元は三条実美の使者として、長溥に拝謁のため下関を出航。総員三十余人。二十日、筑前黒崎湊へ着いた。昼支度をすませ暮ごろ赤間駅着。土方久元の『回天実記』（幕末維新史料叢書第七巻、新人物往来社、一九六九年）によると、

「二十一日、早暁出足、波茂駅にて昼支度より香椎宮参詣、箱崎にて八幡宮参詣、七つ時頃博多へ着し旅亭二口屋と申に投ず。夜半、藩の有志早川養敬、伊丹真一郎、月形修平微行（おしのび）にて来問に付面会の上、該藩の事情を聴く」

と記されている。

月形修平はそのとき十八歳で、筑前勤王派の人々と行動をともにしていた。土方久元に従兄洗蔵の状況を手みじかに話した。文久元年五月の辛酉《しんゆう》の獄で古賀村の斉木五三郎の座敷牢に監禁となっていたが、「前年の大赦で家に還されましたが、出門禁止は解けず、同志として土方様のごあいさつに伺いました次第」と、若者らしく口跡《こうせき》もはっきりと述べた。修平の一途でにごりのない双眸《そうぼう》は、土方の脳裏につよく残った。

『回天実記』は八・一八の変で京を追われた七卿に従って西下してから、慶応三（一八六七）年十二月暮れに京へ戻るまでの、四年間の東奔西走を記録したものである。「簑笠蕭《しょう》々《しょう》として西に下るや慨然として之に従い、一身を捧げて平昔の知遇に報ひん」と結ばれている。

新撰組の活躍

江戸幕府による警備組織である新撰組が活躍するのは、八・一八の変以後である。京の治安を守るため、騒ぎを起こす不逞の輩を一掃することを目的とし、尊攘・倒幕派と激しく対立し血の雨を降らせることになった。

元治元（一八六四）年六月五日夜十時、長州の桂小五郎など尊攘派二十余人が池田屋に集まることを知った新撰組は、近藤勇を先頭に池田屋に斬り込んだ。とっさに桂小五郎は屋上に出て間一髪で脱出。沖田総司、永倉新八など剣の名手が多く、そのうえ命知らずの新撰組は、以後尊攘派にとって、もっとも危険な相手となった。後年、永倉新八と修平は、不思議な縁に結ばれて困難に立ち向かう同志となるのだが、このとき修平はまだ福岡にいて十八歳になったばかりだった。

池田屋で新撰組に襲撃されたことを知った諸藩の尊攘派同志は、ただちに決起して京へ上った。続いて長州の益田右衛門介、福原越後、国司信濃の三家老、さらに真木和泉、久坂玄瑞、長州藩世子毛利定広、そして三条実美ら公卿もまた京へ向かった。七月十九日、幕府軍と京都市内で激突となった。とくに宮廷の九門の一つ蛤御門付近で激しく撃ち合い、流れ弾が御門に当たってしまう。それが宮廷への発砲とみなされ、再び長州藩は朝敵となった。

「禁門の変」である。圧倒的多数の幕府軍に大敗し、真木和泉、久坂玄瑞は自刃し果てた。

この争いの巻き添えとなって惨殺されたのは、六角の獄に収容されていた平野國臣ら三十余人だった。戦火が京都市中に広がり六角の獄までおよべば、それに乗じて脱獄されるかもしれない。逃亡を恐れた幕府軍は、狭い牢に全員を集め四方から槍で突き殺したという。

幕府は「禁門の変」の乱行を理由に長州征討を決定し、中国・四国・九州の二十一藩に対し出兵準備の命を下した。総攻撃開始日は十一月十八日と決まる。

勤王・佐幕の対立は激化し一触即発の状況を見た長溥は、苦しい立場に立たされていた。その年の八月、関門海峡で長州を攻める四国連合艦隊の力を目のあたりにした長溥は、いつ福岡に外国艦隊が攻め込むかもしれないと危機感をもち、士族の子弟で御備組を組織して、玄界灘に面した三カ所に砲台を構築し、防禦の備えをすすめていた。「西戸崎《さいとざき》で外国の船影を発見すれば、ただちに相図の大砲を打ち、其砲声に依て須崎・波奈両砲台之に応じて発砲し、又御本丸時櫓の警鐘を初め、各寺院の梵鐘を撞き立る事」〈山中立木「舊福岡藩事蹟談話筆録」〈「筑紫史談」三十五号、筑紫史談会、一九二五年〉〉と、その訓練をしていたのだ。

「いまは国内で争うときではない」。永い間長崎御番を務め、国際情勢にも通じていた長溥は、挙国一致で国を護らなければならないと、長州周旋を急いだ。しかし幕府の長州征討令におそれをなした藩の佐幕派の重臣たちは、長溥の長州周旋に乗り気ではなかった。それでも反対を押しきって、長溥はこれを決意する。

月形洗蔵

月形洗蔵はようやく外出禁止を解かれ、元治元（一八六四）年七月二十六日「町方詮議掛兼吟味役」に就いた。辛酉の獄で処分されていた大音因幡、矢野梅庵は家老に就任。用人の加藤司書も農兵隊創設担当となって、犬鳴（鞍手郡若宮町）に対外防戦を想定した城の建設も始まった。担当は建部武彦に決まり、勤王派は藩内の要職に返り咲いていた。

長溥は長州征討の中止と挙国一致を図るため、征長軍総督徳川慶勝や副総督茂昭《もちあき》（越前）に宛て、長州への寛大な処分を望む旨の建議書を送り、朝幕の説得に奔走する。長州工作には高杉晋作や長州の正義派（改革派）と親しい月形洗蔵を登用。加藤司書、建部武彦、早川勇、鷹取養巴らも芸州（広島県）へ向かい、筑前勤王派は命の危険も覚悟で征長軍の侵略猶予と解兵の周旋に飛び回わるのだった。

洗蔵はすでにそのとき、薩長両藩和解を確信をもって見通していたという。力武豊隆氏は「月形が薩長和解論を唱えたのは、早くも『文久政変』直後のことである。文久三年九月、藩内有志へあてた意見書の中でこう述べている。『方今各国の情態、実に尊王攘夷相謀り候儀は、遠国は存ぜず、近国にては薩長二藩のほか承り申さず』すでに薩長両藩への大きな期待がうかがわれる」（「薩長連合の先駆者月形洗蔵」〈九州文化図録撰書第七巻「筑前維新の道」のぶ工房、二〇〇九年〉）、と読み解いている。さらに五卿移転に猛反対する長州勢を前に、「薩摩は大藩にして智力兼備の人物が多い。『貴藩』（長州藩）が天下を動かそうとするなら、互いに協力することこそ得策である」（前同）と説得している。しかし長州の薩摩藩に対する不信と憎悪は根づよく、その説得を受け入れようとはしなかった。

そのころ薩摩では西郷隆盛が一年半におよぶ島流しから呼び戻されていた。政局は西郷を必要としていたのだ。翌月には上京し、征長総督参謀に着任すると九月に初めて軍艦奉行勝海舟と会談した。勝海舟は「いまは薩摩だ長州だというときではない。天下一新、皇国一和の国の単位で見るように」と説く。自藩の利益のみを優先していた西郷の目を開かせる出会いとなった。それを機に西郷は、「戦わずして勝つ」ことを真剣に模索し始めるようになる。

高杉亡命

「禁門の変」以後、長州では俗論派（保守派）が台頭し、藩の勢力を握っていた。九月二十五日の夜、井上聞多（馨）が俗論派に襲われて重傷を負う事件が起こる。身の危険を感じた高杉晋作は、筑前の中村円太の斡旋で九州へ亡命することを決める。十月二十七日山口を発ってしばらく下関の白石正一郎宅に身を寄せていた。

その間に月形洗蔵宛てに筑前へ亡命したい旨を連絡すると、洗蔵、早川勇、鷹取らから折り返し、「長藩のために労苦は惜しまぬ」と返事があった。高杉晋作が博多に着いたのは十一月十日で、洗蔵らの手配で福岡郊外の平尾山にある勤王歌人と呼ばれていた野村望東尼《ぼうとうに》の山荘に潜伏となった。

高杉晋作が身を隠した野村望東尼の庵・平尾山荘（福岡市平尾）

望東尼は名をモト、福岡藩士浦野重右衛門勝幸の三女として、文化三年九月六日に生まれた。十七歳で嫁いだ初婚にやぶれ、二十四歳で野村新三郎の後妻となった。二十七歳で夫婦で歌人大隈言道の門人となり、和歌を学ぶ。五十四歳のとき夫と死別し、得度剃髪して招月望東禅尼となる。亡夫の和歌集出版のため大坂の大隈言道を訪ねたとき、京で安政の大獄後の緊迫した天下の動静を見聞きし、勤王の志士と知り合うなかで、愛国の精神が目覚めていったという。京の情勢にくわしい望東尼の平尾山荘には勤王派の平野國臣をはじめ中村円太などが出入りして、いつか秘密の集会所となっていた。

長州俗論派は禁門の変の責任者を処罰して幕府に降伏しようと、十一月三日、毛利父子は寺院に蟄居され、三家老切腹、四参謀断罪。さらに奇兵隊など諸隊の解散を布告した。そのことを萩から帰藩した早川勇から聞かされた高杉晋作は、自分だけが身を隠している場合ではないと、俗論派政権打倒を決意。すぐに早川、洗蔵、鷹取らと別れの席をもち、二十一日に博多を出発した。高杉晋作はわずか十余日の滞在だったが、同じ思いに心通わせた洗蔵は、高杉が山荘を発つ日、『資治通鑑《しじつがん》綱目』五十九巻を処分して旅費を工面し、望東尼は準備していた手縫いの旅衣を贈ったという。

幕府の長州総攻撃を回避するために残る一つの要件は、五卿の他藩への引き渡しだった。それも肥後細川藩へ三条西季知、肥前鍋島藩へ四条隆謌、久留米有馬藩へ東久世通禧、薩摩島津藩へ壬生基修、そして福岡藩へ三条実美と、五藩へ一人ずつが条件である。しかし各藩とも禍を懼れて態度を明確にしないまま時だけが過ぎていく。長溥は福岡一藩で受け入れると誤解を招くおそれがあると憂慮していたが、勤王派のつよい要望もあって、とりあえず福岡で五卿を預かることを承諾するのだった。

残るは五卿を手放したくない長州と、五卿の説得である。洗蔵は最後の切り札である征長総督参謀に就いた西郷隆盛を動かした。いまこそ西郷の力が必要だった。西郷もまた勝海舟の言う「戦わずして勝つ」の好機ととらえ、十二月十一日に変装して下関に入った。西郷とわかれば長州に狙われる命がけの渡海である。下関大坂屋での秘密会談には西郷側二人、五卿側は土佐脱藩の忠勇隊長中岡慎太郎ほか随従志士団、そして月形洗蔵、早川勇が立会人となり、解兵の条件として五卿の筑前移転を話し合った。その翌日、洗蔵と早川は功山寺を訪ね、西郷との会談を伝えると、五卿は九州渡海を受け入れたのだ。

潜伏先の平尾山荘から下関に戻り五卿の決意を待っていた高杉晋作は、伊藤俊輔（博文）率いる力士隊と遊撃隊あわせて八十人余と、十五日、功山寺に集合した。「これから長州子の肝っ玉をお目にかけます」と挙兵の決意を五卿につたえ、暇乞いをするのだった。

高杉晋作の挙兵の覚悟を知った三条実美は、十日以内に渡海することを書面にしたため、早々に解兵するよう征討軍に伝えた。暮れも押し迫った二十七日、長州総攻撃は中止された。一方俗論派に反旗をひるがえした高杉らの戦いは、日に日に兵力も増えてゆき、正義派の圧倒的勝利に終わった。長州藩庁は正義派の手に取り戻した。

五卿大宰府へ

明けて正月十五日、長府を出立した五卿は、十七日早朝黒崎湊に上陸して筑前に入った。岡田宮で参拝をすませ、木屋瀬から遠賀川を渡って唐津街道を行く。ところが赤間宿では二十五日間の足止めをされる。「囚人の如の扱いだった」と随従の土方久元が記していた通り、幕府は、罪人扱いと方針を示していたのである。二月十三日、大宰府の延寿王院に着いた。門前に竹矢来を結び、食器も夜具も粗末なものだった。五藩交代で五卿の監視役を幕府から命じられていたが、佐幕派は禍が降りかかることを恐れ冷ややかに接していた。

三条実美ら五卿が滞在した太宰府の延寿王院

一月半ばに長州から帰藩した洗蔵は、五卿の応接担当となった。加藤司書は家老に就任し、勤王派が藩政の発言力をつよめていく。さらに五卿を藩内に受け入れたことで、厳しい看視をかいくぐって各地から勤王の志士が集まって来た。しかも大宰府には薩摩藩定宿もあり、西郷も大久保もひんぱんに顔を出し、筑前勤王派と交流を深め、勤王派志士の拠点となってしまったのだ。

そんな筑前の流れに不信を抱いた幕府は二月下旬、五卿の江戸護送を命じてきた。西郷隆盛らは幕府の命に反対するため、五藩使節の上京を決議。西郷は福岡藩使節に筑紫衛、早川勇、月形洗蔵を推挙したのだが、長溥の反対で月形は差し控えとなった。その使節団も佐幕派のつよい福岡京都藩邸で追い返されてしまった。幕府の強い巻き返しに長溥も藩内も大きく揺れはじめていた。長溥は挙国一致のために長州にかかわってきたはずだった。ところが幕府側は福岡藩に「薩摩同気」「長州同気」と疑念をもち、長州のつぎは筑前と公然と名指しされ新たな標的とされていた。勤王派は長溥に幕府対決を迫り、佐幕派は反対して総辞職願を出すなど両派の対立はますます激しさをましていく。幕府からも藩内からも長溥は追い詰められていた。ついに長溥は勤王派処分を決意する。元治二年三月二十四日、洗蔵は五卿応接を解任され、五月には家老加藤司書もお役御免となった。

乙丑の獄

四月七日をもって元号が元治から慶応と改められた。幕府は第二次征長を布告し、将軍家茂は江戸を発った。五月十一日、土佐では八・一八の政変後、獄につながれていた土佐藩尊攘派の武市半平太（瑞山）が切腹処分となる。五月二十四日、土佐藩を脱藩した坂本龍馬は鹿児島から大宰府に入り、三条実美に拝謁して、二十八日長崎街道を黒崎に向かっている。

そのころ筑前勤王派内部は軽挙を極力戒めようとする加藤司書派と、過激な考えをもち激しい運動を進める月形洗蔵派と分裂し、同志討ちがくり返されて次第に力が弱まっていた。過激派は裏切り者を殺し、粗暴な行動は目に余るようになっていた。佐幕派は勤王派の過激な行動を批判し藩内が緊迫するなか、勤王派内部から直訴する者があった。「加藤司書を首領とする尊王派は優柔不断の藩主長溥を犬鳴山の別邸に幽閉し、世子長知を擁立して藩政改革を行う計画をしている」（小宮邦雄『加藤司書と筑前勤王党』福岡県護国神社、一九八九年）などの讒言《ざんげん》を聴いた長溥は、ついに勤王派の弾圧を命じた。六月二十六、二十七日と二日間にわたり勤王派の疑いのあるもの一四〇人あまりを根こそぎ逮捕し投獄。洗蔵、早川、鷹取ら三十九名に謹慎逼塞を命じた。

　逮捕者の詮議糾弾は極めて過酷な拷問を究め、「假令鞭撻して血を見、其膚《はだ》を砕き、其骨を粉齏《ふんせい》にし、地上に昏顛《こんてん》し、死して又た蘇するも、志士は目を瞋《いか》らして激昂し、却て糾弾吏の妄状を罵詬《ばこう》し、一人として口を開きて其党事を自白せしものとてハなかりし」（川添昭二・福岡古文書を読む会校訂『黒田家譜』第六中、文献出版、一九八三年）と記録されている。

　六月二十四日の夜半、勤王派喜多岡勇平が何者かによって自宅で殺害される事件が起こった。喜多岡は藩主の信頼も厚く、五卿の大宰府移転に際しても、五卿、長州を説得して実現に奔走した一人である。その夜突然三、四人の男が忍び込み、自宅で眠っていた喜多岡の蚊帳が切り落とされ、逃げ出したところを追いかけ門外で殺害されたのだ。二日後の二十六日、喜多岡が殺されたその日洗蔵の長子駒吉（恒）方へ来ていた修平と足軽瀬口三兵衛の二人が、喜多岡殺害容疑で逮捕された。修平は縄をうたれ町中をひきまわされて、揚り屋の牢に入れられてしまった。

　翌二十七日、修平は牢のなかで痛む体を抱きながら、今日が十八歳の誕生日であることを思い出していた。父母の嘆きを思い、ひとり唇を嚙みしめる。七月二日から桝木屋で厳しい取り調べが始まった。駒吉方は筑紫衛や伊丹真一郎など洗蔵と同気の者たちが毎日集まり、密談をしていることが内偵されていた。そこへ出入りしていた修平に嫌疑がかけられたのだ。

　家は宗像郡武丸村にあり、父母とともに居住している。諸芸稽古のために裏の離れに居住していたが、彼らの顔を見ることはあっても、「密談等之儀ハ不存由」（『黒田家譜』第六中）。

修平は何度聞かれても、「この件のお疑いについては、心底覚えがございませぬ」と、その言葉を繰り返し無実を訴えた。修平は嫌疑が晴れるまではと、入牢から牢飯は一切口にしなかった。どんなに勧められても口を真一文字にむすび、正座の足も崩さなかったという。その頑固さにこのままでは餓死するかもしれないと憂慮したのか、「聊洗蔵同気之者に之無」（前同）、ほかに疑わしいところもないと六日、親元預けの謹慎処分となった。

修平の件を知った望東尼は、「夢かぞへ」（佐佐木信綱編『野村望東尼全集』野村望東尼全集刊行會、一九五八年）の七月五日に次のようにふれている。

「さて此程より、月形（洗蔵）ぬしがいとこ何がしといふ人（潔）、宗像の武丸にすみたりしに、とり（捕）にゆき、すぐに縄をうち、腰刀もなしにひきて、あがり屋にこめたりとか。たび〳〵とい見るに、何の罪もなかりしかば許されつるよし。今年やう〳〵十八ばかりにて、いと心正しく、書なども年よりはよくよみて、文など作りし人なりしを、いかに親達の悲しびけん。さりながら、とく免されし事ども、立ちかへりて嬉しかりつらむとこそ思ひやらるる」と放免されたことに安堵の気持ちを記している。「夢かぞへ」は六月二十四日の「乙丑の獄」の処分で、自宅監禁となった望東尼が姫島に流罪となるまでの百五十日余間の出来事が記された日記である。

修平は二十二日ぶりに桝木屋の牢から解放された。

父健は伊藤直江宛の七月七日付の手紙に、「福岡又々変動　洗蔵は勿論御側筒御足軽□凡五十人斗《ばかり》遠慮或は一族預ケ足軽番仰せ付けられ恐れ入り候」（鞍手歴史民俗博物館蔵）と福岡の緊迫した様子を書き送り、修平も十六日より武丸に帰っていたところ、去る二十八日、盗賊方が来て召し捕らえられ博多揚り屋入牢となった。当月二日桝木屋にて御詮議があり、五日親元預けとなり入牢御免になったと子細を報告している。

修平は六日夕に獄を出たので迎えに行き、八日朝家に連れ帰りました。ホッとしたものの、今回は勤王の名のある者はすべて厳しいお咎めをうけていることに、胸さわぎを覚えると書いている。

修平は幸い喜多岡勇平殺害の嫌疑が晴れ、迎えに来た父と武丸村の家に戻ったが、以後監視の元で日を過ごすことになった。やがて喜多岡を暗殺したのは勤王派の伊丹真一郎らと判明する。喜多岡が同志を装って佐幕派と内通していると疑っての犯行だったという。

修平にとって何より心にかかるのは、捕縛された洗蔵や早川らのことだった。洗蔵自身は厳しくても遠島処分だろうと、「諸士草鞋を用意せられよ」（『月形家一門』）と腹をくくっているらしいと人づてに聞いた。十月に入ると町の噂が声高く聞こえてくるようになった。六町筋にたくさんの四斗樽の輪が下げてあるという。それは処刑の近いことを示していた。

慶応元年（乙丑）十月二十三日。

「同志相謀り奸曲の取計多く、上を憚らさる所行、重々不埒之至りニ付、依って斬罪申附

候事」（『黒田家譜』第六巻中）

月形洗蔵は桝木屋獄前にて斬首の刑に処せられた。享年三十八。切腹は武士の誇りであるが、斬首は屈辱を与える刑罰である。洗蔵は刑場に引きだされてもなお長溥を信頼し、斬首されるとは考えてもなかったという。

加藤司書三十六歳、建部武彦四十六歳ら七人切腹、洗蔵ら十四人斬首。処刑者の多くが月形塾に学び、五卿の大宰府移転に関わった者たちだった。野村望東尼ら十六人流罪、早川勇、月形駒吉、矢野梅庵ら数十人は幽囚処分が断行された。「筑前乙丑《いっちゅう》の獄」である。この総勢一二〇名を超える処分によって、福岡藩における勤王派はことごとく排除され、壊滅してしまった。

「皇御国（すめらみくに）の武士はいかなる事をか勤むべき　只身にもてる赤心を君と親とに盡すまで」と刻まれた加藤司書の歌碑（福岡市中央区・西公園）

このとき勤王派が逮捕され処刑されると知った大宰府の三条実美は、土方久元に命じて助命歎願に早馬を走らせたが、ときすでに遅く救出はかなわなかったという。この後、佐幕を表明した福岡藩は、窮地に追い込まれていくことになる。

そのころ長州では、とりあえず幕府の征討令を回避し、高杉晋作らの挙兵によって藩庁を正義派の手に取り戻した。しかしつぎに来るであろう幕府との戦いに向け、武器・弾薬など着々と軍備を整えていた。いま長州のめざすところは、倒幕である。一方で日本国内でまた内戦が始まれば、儲かるのは武器商人だ。その一人が長崎のトマス・グラバー（スコットランド）で、アメリカで一八六一（文久元）年に起こった南北戦争が一八六五（慶応元）年に終結し、不用になった武器を薩摩・長州などに売りさばいていた。

慶応元年五月、米英仏蘭の四国代表は、「日本の内戦に対する厳正中立・絶対不干渉、密貿易の禁止」など共同覚書を作成し取り交わした。そのため不開港場である下関では、武器購入はできなくなったのだ。残るは薩摩藩名義で買い入れて長崎に運び込むか、上海へ行って買い入れるか、二つの方法しかない。そのとき仲介を買って出たのが坂本龍馬である。

坂本龍馬は文久三年正月、勝海舟の兵庫海軍操練所に入り、航海技術を学んでいる。慶応元年五月に長崎の亀山で物資の航海運送の会社を起ち上げ、その仲介料・手数料で資金調達をする海援隊を組織。いわゆるブローカー業で薩長間を往き来していた。幕府との戦いを想定しての動きが、結果的に薩長間の同盟成立の仲立ちとなったのだ。薩摩と坂本龍馬の縁は、勝海舟が兵庫海軍操練所を引き上げ江戸へ戻ったあと、坂本龍馬ら残された操練所の者たちを薩摩に招き航海技術を学んだときに始まる。

慶応二年一月、薩摩側小松帯刀・西郷隆盛、長州側桂小五郎、証人として坂本龍馬が立ち会い、薩長同盟が成立した。朝廷を中心とした政権樹立を目的に、倒幕体制を確認する。その下地を作ったのは元治二年の月形洗蔵や早川勇、さらに中岡慎太郎や土方久元らが薩長の調和を模索し、命がけの活動があったればこそだった。

その年の五月に坂本龍馬は桂小五郎と会談し、薩摩藩名儀で武器購入を約束する。六月、幕府は第二次長州征討を決行するが、幕府軍の意気は上がらず、長州の圧倒的勝利に終わった。長州征討さなかの七月、将軍家茂が二十一歳の短い激動の人生を終えた。さらに暮れの二十五日、孝明天皇崩御。それはひとつの時代の終わりを告げているかのようだった。新帝は嘉永五（一八五二）年生まれの、数え年十五歳の睦仁《むつひと》親王である。

この年の九月十六日には、乙丑の獄で姫島に流罪となった望東尼を高杉晋作が奇兵隊士を差し向けて救出し、十カ月ぶりの再会を果たした。翌慶応三年四月十四日、新しい世を見ないまま、高杉晋作は二十九歳で病死。十一月には望東尼もあとを追うように六十二歳の波乱の生涯を閉じた。

高杉晋作の死からわずか半年後の十月十四日、家茂のあと十五代将軍となった徳川慶喜《よしのぶ》は、大政奉還を願い出た。時代が大きく回天し始めた矢先の十一月十五日の夜、京都近江屋で中岡慎太郎、坂本龍馬が暗殺された。その翌月十二月九日、政権を朝廷に移す「王政復古」の大号令が発せられた。文久二年以来、蟄居を命じられていた公卿岩倉具視や、八・一八の変で京を追われた五卿も入京と復位が許された。公卿三条実美は非礼を詫びる長溥に、勤王派藩士の釈放を頼んだという。

洗蔵とともに五卿を護った早川勇は、暮も押し迫った十二月二十九日、幽牢先から一足早く解放された。出牢の知らせを受けて修平は、幽牢されていた早川重五郎邸の前で待っていた。早川は二年六カ月の長い幽閉生活で痩せ衰え、立つことすらできない状態だった。しかし生きて出牢できたことは奇跡といってよかった。顔色も蒼白でヒゲも伸びた早川の細い体を抱きかかえ、修平はよろこびと同時に時勢の残酷さに体がふるえていた。従兄の洗蔵や加藤司書らが処刑されてから二年、肩に置かれた早川の手のかすかな温もりに命を感受し修平は涙がこぼれた。「天皇を元首として、士族は天皇を支え国を護る」と熱く語る洗蔵の顔。大伯父の深蔵、平野國臣、長州の高杉晋作、土佐の中岡慎太郎、坂本龍馬など、だれかれの姿が浮かんでくる。そのすべての人たちは有能で誠実で、真に国を思う若者たちだった。多くの若い志士が血を流し、闘いとった新しい国の一ページがいま開かれようとしている。

武士の政治から民衆の政治へ、かつて経験したことのない近代国家をめざし、薩摩の西郷隆盛も大久保利通も全速力で走っていた。未熟さや不備なところ、急ぎ過ぎることもあるだろう。その一つ一つをのり越えながら、進むべき道が見えてくる。その変革の瞬間に立ち会えたことに運命を感じていた。洗蔵たちの望んだ一君万臣の平等社会を実現していかなければならない。それは生き残った者たちの任務であると身が引き締まる。二十一歳の月形修平の心は、これから体験するであろう困難とよろこびを思って高揚していた。

慶応四年二月四日の大赦令によって、遠島・牢居・閉門の刑に服していた勤王派志士の生き残りが全員放免される。四月には西郷隆盛、勝海舟の会談が行われ、江戸城は無血開城された。ペリーが浦賀に入港してから十四年、短いようで長い長い模索の道のりだった。

元号も「慶応」から「明治」へと変わった。同じ天皇在位の間は一つの年号とする「一世一代の制」と定められ、十月、十六歳の新帝が明治天皇に着任され江戸城に移った。

歴史の移り変わりを見てきた早川勇は、「薩長同盟の内実の功労は、坂本龍馬より中岡慎太郎の方が多い」（『雷鳴福岡藩』）と語っている。早川の知る中岡は、日常の挙措は丹精・実直で、服飾も地味、酒色に耽ることがない。何より議論に条理があり中正だったという。

王政復古から戊辰戦争

慶応三（一八六七）年十二月、明治天皇より王政復古の大号令が発せられ、将軍徳川慶喜《よしのぶ》の官位辞退、所領返納が決定した。徳川二七九年の幕がここに降ろされたのである。京都守護職（会津藩）と京都所司代（桑名藩）も非免となった。しかし旧幕臣たちは将軍の官位・内大臣辞官、領地返納処分に激怒した。四年一月一日、慶喜はついに討薩の命を下し、一万五千人の兵がぞくぞくと鳥羽・伏見に集結した。しかし幕府軍の動きを事前に掴んだ官軍は正月三日、四五〇〇人の兵で一気に迎え撃ち、わずか一日で決着はついた。それが戊辰戦争の始まりだった。圧倒的勝利に自信をもった官軍は、徳川慶喜追討の軍を進めるため各藩に対して藩高に応じ、奥羽出兵を割り当ててきた。

ところが福岡藩は乙丑の獄で勤王派を一掃し、藩政の中枢を佐幕派が握っているため、出兵には消極的で藩兵は動こうとしない。結局、戊辰戦争に従軍したのは民間から募集した「勇敢隊」だった。

東征大総督は有栖川宮熾仁親王である。

♪宮さん宮さんお馬の前に　ひらひらするのはなんじゃいな
トコトンヤレ、トンヤレナ
あれは朝敵征伐せよとの　錦の御旗じゃ知らないか♪
（作詞・品川弥二郎）

と、東征軍の士気を高めるために行進曲として作られた「宮さん宮さん」は、鼓笛隊の演奏で歌われて、全国に広まった日本最初の軍歌である。「トコトンヤレ節」「トンヤレ節」とも呼ばれた。作曲した大村益次郎は長州藩士で、近代軍制の創始者といわれる。明治二（一八六九）年九月四日、京都の旅館で刺客に襲われ重傷を負いそれが元で死亡。四十六歳だった。

朝廷の大恩赦によって、乙丑の獄で囚われていた筑前勤王派の生き残りは、復権を勝ちとった。矢野梅庵の嫡子安雄は、藩兵八百人を率いて東征大総督を護衛して江戸へ入り善戦。

その功績で六百石の加増となった。福岡藩は戊辰戦争に総数二三七〇人（うち戦死六六人、負傷八四人）を出兵する。

戊辰戦争さなかの三月十四日、新生日本がこれから進むべき道の基本方針となる「五箇条御誓文」が発せられた。若き明治天皇は、紫宸殿に集まった百官群臣の前で御誓文を朗々と読み上げた。

一、広く会議を興し万機公論に決すべし
一、上下心を一にし盛に経綸《けいりん》を行うべし
一、官武一途庶民に至る迄各その志を遂げ　人心をして倦《う》まざらしめんことを要す
一、旧来の陋習《ろうしゅう》を破り天地の公道に基くべし
一、知識を世界に求め大に皇基を振起《しんき》すべし

修平は「五箇条御誓文」を聞いて感動していた。「古い習慣を破り、知識を世界に求め」と、新しい時代を予感させるみずみずしい精神にあふれている。明治政府は徴士、貢士の制をつくり、各藩から俊才を登用して組織づくりを始めた。徴士は朝廷が直接任命し、貢士は藩の推薦である。福岡藩は乙丑の獄で有能な藩士をことごとく処罰したため、徴士は早川勇ただ一人で、奈良府大参事となって赴任して行った。

ところが新しい時代になっても福岡藩では未だに対立する意見で混乱し、藩庁も方針を決められないでいた。明治元年四月四日、すでに二月末で勤王派弾圧の責任をとって退職処分となっていた浦上数馬、野村東馬、久野将監の三家老に対し、「藩内の混乱、いまなお正邪分明でない」と太政官命令が下された。死をもって償わせる為政者の報復処置は旧態依然として変わってはおらず、八日、長溥は佐幕派十九名を処分。三家老は切腹処分となり、首級は首実検のため京都に送られた。

佐幕派福岡藩の試練がつづく四月七日、修平は騒然とした政局の京へ遊学のため派遣され、博多港を発った。京都の筑前藩邸には団平一郎、中村到、倉八権九郎ら、かつての勤王派がおり、京の情勢などくわしく話してくれる。京に来てひと月も経たない五月、修平に奥羽探索の命が下った。幕府軍は鳥羽・伏見の決起に敗退し、官軍は勢いにのっていた。残るは会津・庄内二藩をめざし官軍は東上。仙台藩と米沢藩は二藩に同情して奥羽鎮撫総督府に「会津藩処分を寛大にするよう」嘆願するが聞き入れられず、五月三日奥羽二十五藩、越後六藩が参加して「奥羽越列藩同盟」を結び、仙台より東へは一歩たりとも入れぬと、薩長政府に立ちはだかった。情勢は奥羽に動くかに見えた。

奥羽探索を命じられた修平は、その過程を現地で見ることになる。しかしそこで目にしたものは、比べようもない力の差だった。いまだに刀槍で戦うような奥羽軍と、新式銃砲を装備した官軍。刻を経るごとに官軍優勢と見て各藩から兵が馳せ参じ、人数は増えていくばかりである。さらには長い幕府政治で疲弊した民衆の、変革に期待する思いが官軍に味方していった。すでに徳川時代は終わったことを、修平は肌で感じていた。急ぎ福岡にもどり、長溥にありのままを具申した。

五月十五日、徳川慶喜が謹慎していた上野寛永寺に、薩摩の江戸開城に憤激した彰義隊二〜三〇〇〇人が集まり決起するが、その戦いも半月かからず平定されてしまった。

奥羽では七月に長岡城落城。白虎隊や女たちまでが武器を持って闘い、多くの悲劇を生んだ会津若松城の攻防戦も、ひと月の激闘虚しく九月二十二日に降伏。二十七日に最後まで戦った庄内藩も降伏した。旧幕軍の生き残りは幕府海軍副総裁榎本武揚の元に結集し、蝦夷地箱館へと向かっていた。元治元（一八六四）年に完成した五稜郭を拠点に、榎本軍は蝦夷共和国の建国構想をかかげて戦う幕府軍最後の砦となったのである。

日本を封建社会から資本主義社会へ移行させる胎動期、誰もが初めてこれに向き合っていた。とはいえ、新政府の施策はまだまだ未熟で、未消化のまま力で施行しようとする。勤王・佐幕と争った両派の確執、勝てば官軍に対する憤怒、近代化を急ぐ政府への不安など、あちこちで生じた歪みが、マグマのようにくすぶっていた。

奥羽探索から戻った修平は、関東鎮将府官掌に任ぜられた。鎮将府とは、江戸が東京と改称された七月十七日に江戸鎮台も改称されたもので、奉行所の任務も引き継いでいた。鎮将はかつて大宰府に移封されていた五卿のひとり三条実美で、修平も洗蔵を通して面識があった。三条実美は折りにふれて洗蔵のことを修平によく話したという。修平は元々才智に富み、とりわけ事務能力に優れていた。八月には藩の軍用金二万両護送に関する事件を任され、無事に務めを果たす。明治元年十月三日付の父健から伊藤直江に宛てた手紙（鞍手町歴史民俗博物館蔵）にも、

「豚児儀も、本藩隊長より軍用金為請取（うけとりのため）急上京、八月十日横浜より乗船十六日に着京、御金二万二千両請取、銃手一人家来三人召連、此節は伊勢神戸より乗船大早関東へ帰府之趣申来右は二十四日下阪之由御座候」

と、大役を果たす息子を見る親の安堵がうかがえる。『月形家一門』によると、その後の修平は軍の重要事件を処理するなど、何度も賞賜されたとある。ところがやっと落ち着いた鎮将府出仕も、わずか三カ月後の十月十八日、組織改正のため廃止される。当時は政府の組織体制が定まらず、名称も仕事内容も目まぐるしく変わった模索の時代だった。

十一月五日、修平は有栖川宮会津征討大提督の凱旋帰国に随行し、翌月二十日に帰国した。

混乱の旧福岡藩

明治二年五月十一日、函館市若松町で新撰組副長土方歳三戦死。十八日に五稜郭の榎本武揚らは降伏して、戊辰戦争は終結した。七月八日に政府は蝦夷地開拓の方針を決めて開拓使が置かれ、初代開拓長官に旧佐賀藩主鍋島直正が就任。八月十五日蝦夷地は北海道と改称されて、十一国八十六郡に分け、新政府の北海道支配が始まった。主目的は二つ。一つはロシア帝国の南下政策に備える北方の護りである。十四世紀のマルコ・ポーロの「東方見聞録」などによって、北海道近海に外国の探検船が現れるようになったという。とくにシベリア侵略を果したロシアは南下を始め、日露間の緊張が高まっていた。いま一つは、未開の大地である北海道の産業経済の振興と人口増大を図ることを急務とした。

国土防衛といっても広い北海道である。開拓使だけでは管轄できず、各藩や寺院などに分領して支配させることになった。政府は各藩に地所を指定し、強制的に分領地支配を命じてきた。福岡藩は後志《しりべし》国久遠《くどう》郡と奥尻《おくしり》郡を指定される。奥尻島は松前氏時代からの流刑地で、流人は漁業の請負労働に使役されていたところである（三年十二月に流罪廃止）。奥尻島に福岡から十三戸三十八人が入殖したのは九月である。

二年から四年にかけて福岡藩が支出した開拓費総額は七千両を超え、「これに出張官員の賃金を加えると、金一七〇〇〇両と膨大な金額となった」(鳥巣京一「明治初年九州諸藩と北海道開拓」〈「経済学研究」六十九号、九州大学経済学会、二〇〇三年〉)のである。移住者の汗と涙で開拓した奥尻島が、福岡贋札事件の舞台となるのは入殖の翌年である。

明治二年二月五日、激動の時代に翻弄された福岡藩十一代藩主黒田長溥は六月に版籍奉還をして引退し、三十二歳の世子長知(藤堂高猷の二男)が家督を相続する。長知は福岡藩知藩事に任命された。版籍奉還とは土地(版)と人民(籍)を朝廷に還納することで、それによって従来の主従関係は消滅し、当然人事権もなくなった。藩職制の人事はすべて朝廷によって承認・任命される仕組みに変わったのだ。六月長知は奥羽出兵の戦功によって賞典禄一万石が下賜された。

修平は明治二年一月二十七日に納戸勤三十俵を賜わり、五月二十一日君命によって「潔」と改める。その日から月形潔として明治を生きることになった。八月二十六日藩執政局、軍事局両副議事を兼務すると、十二月二日執政局議事となった。父健も同年二月に藩校修猷館訓導助となり十五石四人扶持を許される。その年、宗像郡武丸から福岡城下鍛冶小屋《かじこや》(現福岡市赤坂近辺)に転居し、城内に近くなった。

翌三年正月、春吉の牧家で新年歌留多《かるた》会が開かれ潔も招かれた。その席で奇勝隊牧重作の娘イソを一目見て心を奪われてしまう。イソは色白とは言えないが美しい娘だった。二月二十七日、二十三歳の潔はイソを嫁に迎えた。イソは嘉永六年生れの十八歳。丸髷姿の初々しくたおやかなイソが家のなかにいるだけで、潔は勤めに張りが出るのだった。父母の喜びと安堵はひとしおのものがあった。

潔は結婚早々の翌三月十日に、朝廷より福岡藩権少参事に任命される。その年の藩県幹部をみると、大参事五名、権大参事六名、少参事十名、権少参事六名の合計二十七名。その一人に潔は名を連ねた。五月には東京出張を命じられて司民局に、そしてさらに累進して司法省へ出仕していた。ようやく新体制が整い、藩政の遅れを取り戻すかのように意気込んでいたその矢先、七月に日田県知事松方正義が政府に内報し、福岡藩贋札事件が発覚する。

全国的に幕末期の諸藩の台所は火の車で、家臣も貧に窮しすでに限界を超えて喘いでいた。福岡藩も長年にわたる長崎御番や二回の征長出兵、五卿の大宰府移送までの折衝経費や監視守護費、つづく奥羽出兵は出陣一人に十五両必要とし、さらに北海道分領地支配と、すべて費用は藩負担である。藩の借財は一三〇万両に達し、財政の窮乏はその極みに陥っていた。さらに明治二年は凶作で路上に餓死者が出るほど追い詰められていた。

一方財政ゼロでスタートした新政府は、戊辰戦争さなかの慶応四年五月、戦費調達と政務費の必要から全国一律の太政官札（政府紙幣）を発行する。と同時に幕末以来の贋金・悪貨が氾濫したままでは信用問題にかかわると、旧藩時代は各藩ごとに発行していた藩札の発行を禁止する貨幣改革を断行。その代わりとして太政官札を各藩の石高に応じて、一石につき二千両を貸し付けた。福岡藩は五十二万石で百四万両である。

但しその金額の四分の一は即金で上納し、残り四分の三は年賦で支払う決まりになっていた。そのとき福岡藩は四分の一の二万五千両を支払う力さえ残っていなかったのだ。苦しまぎれに割り当てられた太政官札を、大坂の両替商鴻池で半値で換金してもらい、上納するのがやっとだったという。

福岡藩で贋札を作り始めたのは明治二年三月ごろで、話を持ち込んだのはだれか諸説あるが、その話を財用方山本一心が権大参事小河愛四郎に持ちかけ、さらに大参事郡成見を説得。ひっ迫した藩の財政を一時的にも救いたい思いは、誰しもあっただろう。またその当時、薩摩も土佐も佐賀も広島も、贋札製造はどこの藩でもやっていることで、それほど罪の意識はなかったのかもしれない。

贋金は城内にあった旧家老の屋敷跡を製造場にして、雇った職工や関係者は一切外出禁止、藩知事はもとよりだれにも知らせずに秘密に行っていたという。その贋金は、三年春に二万五千両をもって肥後米を買いつけたり、五月に十九万両をもって日本海を北海道分領地久遠・奥尻をめざして北上し、途中小浜・敦賀・新潟・酒田・函館・江差に立ち寄り、数の子・棒たら・にしん・ラッコ皮・熊皮・結城紬・木綿などなど贋札で買い集め、その品物を売って正金札に換金していたという（『ふくおか歴史散歩』二巻）。さらに悪いことは寄港地で酒や飲食代に使い、その使い方の派手さでマークされて逮捕となった。

さて三年七月十八日、福岡市簀子町の辻に突如東京弾正台名で制札が立てられた。

当藩会計掛内へ嫌疑あり、御取調べとして
本台官員出張するにつき右へ関係なきものは、
みだりに動揺いたすまじく候こと

二十日に弾正台（高等検察庁）渡辺昇（大村藩士・のちの大阪府知事）、大巡察岸良兼養が福岡へ乗り込んで来ると、贋造場である屋敷跡や藩庁、通商局などの一斉捜査を開始した。関わったとされる藩の官吏、職工たちは有無を言わさず、全員捕縛された。

逮捕のことを翌日知った長知は、馬を走らせて助命陳情するが聞き入れられず、すぐに鹿児島の西郷隆盛に使者を出した。西郷もあわてて小倉に駆けつけ弾正台と掛け合ったが、ときすでに手遅れだったという。「西郷隆盛の歎願は空しかったが、西郷を動かした動機は、長溥が島津家の出身であり、また薩摩藩で起った〈お由良崩れ〉に際して、福岡藩に救いを求めて来た恩返し」（福岡県警察史編纂委員会編『福岡県警察史』明治大正編、福岡県警察本部、一九七八年）という意味もあった。

新政府は日本中に贋札が氾濫するのに手を焼き、前々から捜査を始めていた。福岡藩には三月ごろから刑部省官吏を三十人以上潜入させて、内偵を続けていたという。

翌四年三月二十九日、長州派は「厳討処分」を、薩摩派は「寛大な処置」を主張するなか、贋札事件の処分が決まった。立花増美（大参事）、小河愛四郎（権大参事）、矢野安雄（司計大参事）、徳永織人（少参事）、三隅伝八（司計局判事）の五名は東京大伝馬町牢屋にて斬首。四人が十年の流刑、ほか懲役・罰金刑などその数九十二人におよび、予想以上にきびしい判決となった。新政府実現のために頑張ってきた者たちばかりである（徳永織人はのちの石炭王安川敬一郎の長兄である）。

藩知事長知は罷免、閉門四十日の処分が下された。二百七十余年間にわたって続いた黒田五十二万三千石の福岡藩は、ここに歴史の幕を下ろした。廃藩置県のわずか十二日前のことである。幕末の乙丑の獄で勤王派の有能な藩士を処刑し、維新が成ると佐幕派の忠臣を処罰し、そしてまたかろうじて生き残った人材すら失ってしまった。前年三月十日に月形潔が権少参事に任命された二十七名の藩幹部のうち、大参事五名全員を含む十四名が処罰されたのだ。四年八月二十三日長溥以下一族は東京移住を命じられ、博多港を発った。

贋札事件により藩知事を解任された失意の長知を見て、長溥は新政府の岩倉使節団を利用して外国へ遊学させる決意をした。そのとき藩から二人の留学生を選んで同行させる。十九歳の金子堅太郎と十四歳の団琢磨である。金子はハーバード大学に入り法律、憲法、国際法を専攻。団はマサチューセッツ工科大学で鉱山学を学んだ。のちに金子は内務省書記官として北海道を巡回して囚徒による道路開鑿を復命し、伊藤博文を援けて大日本帝国憲法の草案を作る一人となる。団は三井三池炭鉱の鉱山部長となって囚徒出役に関わっていく。

のちに長溥は浜の町（現福岡市舞鶴）の黒田別邸を法務省庁舎に売却せず、貸した借地料で黒田奨学会を設立。新しい日本を担う若者たちの命を奪った罪滅ぼしか、教育による人材育成に力を注いでいった。

廃藩置県

福岡藩知事の後任は東征大総督有栖川宮熾仁親王が就任。贋札事件の動揺をおさえるために、超大物を起用したといわれた。新藩知事は七月十日軍艦で博多港に着いた。

四年七月十四日に藩政は全廃されて、廃藩置県が実施された。贋札事件で長知が更迭された十二日後のことである。版籍奉還では旧藩主がそのまま藩知事となったため、旧藩時代の主従関係が根づよく残り改革の効果は上がらなかったのだ。廃藩置県は全国を三府七十二県に分け、中央集権支配による近代化が狙いである。と同時に、藩主も藩士も藩の消滅と共に職を失った。全国で三〇〇万人余の士族が失職したことになる。

福岡藩は福岡県となり、県庁は福岡城内に置かれた。福岡県以外は藩知事がそのまま県知事に就任したが、福岡県だけは有栖川宮が初代福岡県知事となった。栗田藤平氏は「中央政府は日本大改造とも言うべき廃藩置県を順調にすすめるため、全国規模の祭壇を設け、可能な限り厳粛で、衝撃的な儀式を演出しようとしていた。犠牲の牛として捧げられたのが福岡藩の贋札事件であり、牛は衆人環視の中で時間をかけ、冷酷に料理された」（『雷鳴福岡藩』弦書房、二〇〇四年）と、新政府の周到な計算があったと書いている。

有栖川宮県知事は五年三月、九カ月の任期を終えて帰京した。ところが後任がなかなか決まらない。知事不在のまま、塩谷処《しおのやところ》（岩国県）参事、水野千波（静岡県士族）権参事、団尚静（平一郎、福岡）権参事の三人で知事代行をする異常事態がつづいていた。潔は知事退任の二週間後の四月十九日権典事に任命され、八月には典事に昇任して参事を支える立場になっていた。知事不在の間にも新政府は次つぎと改革を打ち出して、急速に中央集権化を進めていくのだが、地方はその対応に追われていた。

八月三日に「学制」が頒布され、併せて私塾・寺子屋の廃止も通告してきた。新政府は四民平等の一つの柱に教育均等を置き、学校制度取調掛を設けていた。この前月には文部省が設置されており、旧来の幕府立・藩校・郷学・私学・寺子屋などを整理統合して、新政府の監督下に置く方針だった。「学制」の定める学校とは、個人尊重に基づいた学問の普及と、新しい国家を担う人材育成を主たる目的とするものだった。

県庁官員は「学制」の趣旨を県民に徹底するため各地に出向き、詳しく説明説得をしなければならない。典事に昇進したばかりの潔は、遠賀郡の担当になった。学制には大いに共感していたものの、私塾や寺子屋の廃止には、心に重いものがあった。幕末から明治にかけて藩士の多くが生活に困窮し、私塾・寺子屋を開いて糊口をしのいでいたからだ。月形一門も例外ではなかった。

遠賀郡芦屋町に各村から戸長（村長）、副戸長・保長（区長）・有力者らが、村民を代表して集まっていた。潔は不安げに見つめる彼らに、明瞭な口調で説明をはじめた。

「これからは身分に関係なく、国民すべてが学問をする国民皆学《かいがく》の時代になった。国民は誰でも国の人材登用の恩恵に浴すべき道が拓けるのだ。学問とは、立身出世の資本であり、財産となるのである」

学問の必要性を熱く語り、さらに続けた。

「村に不学の家があってはならぬ。また家に不学の者があってはならぬ。人民すべては必ず学ばなければならないのである」

この度、法によって定められた、とつよく釘をさし、内容の説明に入った。

「『学事奨励ニ関スル被仰出書』（太政官布告）には全国を八大学に分け、一大学区を三二中学区に分け、一中学区を二一〇小学区に分け、五万三七六〇校の小学校設置を計画している。小学校は六歳から九歳までの下等と、十歳から十三歳までの上等に分ける。授業内容は読・書・算のほかに、修身・地理・理科・歴史・物理・化学・生理・幾何・唱歌・体操など二九科目である」

代表者たちは教育のイメージが描けないようで、ただ黙って座っていた。各地に官員を派遣するには、もう一つの重要な目的があった。潔は一歩前へ出て、さらに声を大きくした。

「これからすべき事は、私塾・寺子屋を廃し、定められた地区ごとに学校を建設しなければならない。それについて建設費・学校運営の経費は、一部政府の補助はあるが、おおむね民費によって賄うこと。生徒からは授業料として月平均五銭を徴収すること」

案の定、代表者たちはざわめき口々に思いをぶつけてきた。

「学校に行けば家業の手伝いができん。怠ける口実になる」

「生活の役に立たん勉強をするより、読み書きソロバンの寺子屋のほうがマシだ。どうして寺子屋をつぶすんかい」

「貧乏人は授業料五銭なんか払えんよ。そのうえ、学校の建設費や運営費の負担までは無理やろ」

代表者たちの不平不満はつきなかった。それらの意見を聞きながら、それでも納得してもらうしかなかった。

「武士の家に生まれなくても、商人も農民も誰でも学問ができる世の中になったのだ」

学問こそ身を立てる財産であり、資本力であると潔は伝えたかった。

いつかきっと分かるときが来るだろう。二十六歳の潔はこれからの新しい時代には、学問が重要になることを確信していた。しかし日々の暮らしに関係のない教育内容をきらい、身近に役立つ寺子屋へ戻っていく子も多かった。四民平等といっても身分をもたない社会とはどういうものか、だれも想像できなかったのだ。

潔の生まれ育った底井野地区は、かつて藩主の別館だった御茶屋が幕末に寺子屋に払い下げられていたが、明治七年に底井野小学校となって開校される。

四年七月に施行された廃藩置県によって解体された藩兵に代わる兵として、「徴兵令」が布告されたのは、六年一月十日だった。士族・卒・平民の別なく明治六年現在「二十歳より三十歳を限り、二男三男ならびに弟にして妻子なき者」を登録し、県庁へ通告するよう達示があった。国民皆兵の原則であるが、これは士族の不満を激発させた。藩兵としての任務を奪われたうえ、存在そのものを否定されたに等しかった。「士族の反感をますますつのらせ士族を反政府暴動へ駆りたてる一因となった」（『福岡県警察史』明治大正編）。

「百姓になにができるか」と反対の急先鋒は薩摩の桐野利秋少将である。一般国民も兵役を課せられたことに反対し、各地でデマが乱れ飛んだ。

「人タルモノ固ヨリ心力ヲ尽シ、国ニ報セサルヘカラス。西人之ヲ称シテ血税トイフ。其生血ヲ以テ国ニ報スル謂ナリ」と「徴兵告諭」に書いてある血税の意味をさまざまに解釈して、流言飛語が飛び交い、各地で「血税騒動」が起こっていた。

「血税とは、人民の生血を絞り取り外国へ流すことだ」

「十三歳から二十五歳までの未婚の処女は、樺太に送られる」

「十八歳から二十歳までの男子の若者の体を焼き、脂をとって外国人に売り渡す」

「徴兵というヘイムシにして異人に食わせる」

などまことしやかに流布されて、国民は震え上がっていた。

徴兵制度の目的は、すべての国民は自らの手で国を護る義務があるということで、身をもって国に報ずるという意味の「血税」「生血」の文字であったが、比喩と理解されず、恐れ慄いていたのだ。福岡県内でも怡土《いと》（前原）郡、上座（朝倉）郡、宗像郡などで血税に反対して暴動が起こりそうだと県庁に通報が入ってきた。

「戸長が官と手を組んで百姓をだまし、生血を取る手伝いをするのか」と、多勢が戸長宅に押しかけているという。翌年二月に徴兵検査が実施されても、それで生胆《いきぎも》を採られるなら一人たりとも書き出しは拒否するというのだ。

典事である潔は大谷権典事と手分けして各地へ説得にまわった。

「もし兵隊などに差向けるならば家に火を掛け、それを合図に家内全員打死と覚悟いたしております」

と真顔で立ちはだかる村民に、潔は語句の真意をていねいに説明する。「兵役は教育・納税と共に国民の三大義務であること」、さらに四民平等の精神と、「いまは武士に頼らず国民ひとりひとりが国を護る時代なのだ」と説得した。しかし農家にとっては語句の問題だけではなかった。働き盛りの若者を兵隊にとられるというのは、死活問題でもあったのだ。

明治三年九月には、平民にも苗字の使用が許され、翌年四月四日には戸籍法が制定されている。旧来の宗門人別改帳は廃止され、五年二月にわが国最初の戸籍「壬申《じんしん》戸籍」が完成する。これによって徴兵令の実施が可能になったのだ。四年八月二十八日には、えた・非人などの呼び方は廃止され、「身分職業とも平民同然たるべきこと」と、賤民制が廃止されるなど、四民平等の改革が一歩ずつ進んでいた。

しかし一方で賤民制廃止は、「百姓を賤民に落とすのか！」と、逆に農民の怒りに火をつけた。五年十二月には、七世紀から一二〇〇年以上使われていた月の満ち欠けを基準にした「太陰暦」が、地球の公転を基準にする「太陽暦」に切り替わり、突如十二月三日は明治六年一月一日に変更された。十二月はわずか二日だけで、ほぼひと月が丸ごと消えてしまったのだ。長い間人々の暮らしに浸透し指針とされていた太陰暦が一方的に廃止され、農作業だけでなく祭りも潮の干満も、三日月や十六夜《いざよい》などの呼び名も新暦と対応しないものとなってしまった。

新暦に変わった明治六年七月に、「地租改正条例」が公布され、旧来の現物納から金納による徴税制度に統一された。納税者も耕作者から土地所有者に改められ、豊作凶作にかかわらず地価の三パーセントと決められた。政府は土地所有者に所有証明の地券を発行するために、土地の広さを実測し、地価を見積もり、地租台帳を作成しなければならない。この作業が大仕事で四年近くかかり、その間農民は振り回され混乱を招いていた。矢つぎ早に改革が発令されると、官吏の潔たちはその度に各地へ飛び、説明や説得をする毎日に追われていた。

国民は理解どころか不満が不安を呼び、ときとしてそのエネルギーが暴動を惹き起こす要因となっていく。

有栖川県知事の後任はまだ決まらず三人の幹部が知事代行を続けている。典事は潔と加川勝美の二人、権典事の森脇翼、大谷靖、時枝明の五人で三人の幹部を補佐していた。ところが六月に入ると塩谷参事が辞め、加川、森脇も去った。大谷が典事に昇格したものの、県の執行部は半分の人数に減り、県政を預かる水野参事と団権参事は全責任を負って苦悩していた。

筑前竹槍一揆

福岡県内で天下をゆるがす大規模な農民騒動が起こったのは、知事不在のまま一年経った六年六月十六日のことである。きっかけはささいな事だったという。その年は春から日照りがつづき、河川も井戸水も涸れて六月になっても田植えができない。農民は困りはてて嘉麻郡二十七カ村から三百人余が、高倉村の日吉神社（旧庄内町、現飯塚市）に集まり七昼夜の雨乞い祈願をしていた。

だが満願の十三日になっても雨はその兆しさえ見えず、農民の落胆は絶望に変わっていった。そのとき切羽つまった農民の目に、南西の金国山の山頂にのろしが上がっているのが見えた。それは昨年五月に禁止されたはずの米相場の合図だった。目取り（相場師）によって昼は紅白の旗をふり、夜はのろしを上げて、赤間関（現下関市）の米相場を山から山へ伝え、筑後の米の出荷を調整しているのだ。

「あいつらのせいで山の神が怒って、雨が降らんとたい」

「米相場が上がったんは、あいつらのせいばい」

集まった農民のやりきれない絶望と怒りは、金国山へと駆りたてる。着いてみると山頂には焚火の跡だけで、すでに人影はなかった。代表数人は勢いをかったその足で豊前国猪膝宿の目取りの家へ押しかけた。

「目取りをやめろ！」

「おまえらの指図は受けん！」

と売り言葉に買い言葉の喧嘩になり、あげくの果てに農民側は若者を人質に捕られ、すごすごと村へ戻ってきたのだが、そのとき「人質が殺されるかもしれん」と、誰かが呟いた。

急に危機感にかられた農民たちは、手に手に棒や熊手、斧や鉈をもって集まり、再び目取りの家へ押しかけて行った。すでに人質の若者は釈放されていたが、勢いが収まらない農民たちは日ごろの不満が一気に暴発してしまった。

帰りの道沿いの村で、七軒を打ち壊したのが騒動の始まりだった。

騒動はまたたく間に村から村へ広がり、筑前国十五郡すべてを巻き込んでいった。鳥の子笠をかぶり、竹槍を作り、鐘鼓を打ち鳴らし、四方八方の村々から破壊を続けながら県庁をめざして進んでいた。明治の世になって異常な物価高、凶作、小役人の横柄さ、賤民制廃止、徴兵令、地租改正など、日ごろの農民の憤懣が富農富家、米商や酒造家、高利貸や被差別部落、小役人宅など、果ては小学校や電信柱にも向けられ、家を焼き、打ちこわし、さらには略奪と暴徒と化していった。

県庁に一揆蜂起の急報がはいったのは、すでに何千人もの集団となって飯塚宿へ向かっているときである。旧藩士二千人の鎮撫隊を結成するまで、急ぎ潔を隊長に修猷館の学生五十余人を編成して、一路飯塚宿へ馬を走らせた。潔が飯塚宿に着いたとき、一揆衆は大行事浜にぞくぞくと集結していた。六月十八日は久々の豪雨となった。潔は隊の背後に抜刀隊を従え、雨の群衆のなかを駆け巡りながら大声で呼びかける。

「福岡表よりまもなく役人が来るので、各村から二、三人の総代を出し、もし訴えがあるなら役人のまえで陳述せよ」

ざわついていた一揆衆も何度も呼びかける潔の声に、次第に耳を傾けはじめた。潔はさらに続けた。

「もし県庁に対して願いや訴えがあれば、拙者が取り次ぐので申し出るように」

潔は話し合いで解決をしようとするが、だれも申し出るものはなかった。

「昨夜から待望の雨もふってきた。総代二、三人を残して、あとは帰村して田植えをするがよい。所持した竹槍は河原で焼き捨てるように。もし聞き入れなくば容赦なく、鉄砲を放ち剣で突き殺す」

河原に潔の有無を言わせぬ太い声がひびき渡った。一揆衆は何より雨をよろこび、「帰ろ、帰ろ」と言いながら竹槍や旗を焼き、一斉に引き上げて行った。潔は毅然とした態度で一揆衆を鎮圧すると、一安心と飯塚宿へ引き返して行った。

ところが時すでに遅く、飯塚だけでは収まらなかったのだ。県内のあちこちから新たな一揆の集団が生まれ、鬨の声を上げながら、県庁へ歩みを進めていた。大行事浜からいったん引き上げた農民たちも、再びその流れに合流していった。一揆勢は「参加せんもんは家を焼くぞー」など、脅されてしぶしぶ参加した者も含め、総勢十万とも三十万ともいわれる大河となって筑前国の八方から県庁に迫っていた。

福岡城跡下之橋御門には竹槍の傷跡が生々しく残っている

飯塚宿から急いで県庁へ引き返す月形隊が篠栗《ささぐり》宿まで来たとき、博多の空が黒烟に染まっているのが見えた。一刻の猶予も許されない。潔は馬の背に鞭をあてた。

県庁では連日作戦会議が続いていた。鎮撫総督の中村用六（無足組、円太の末弟）は大砲を乱発して、一挙に追い払うべきと強硬論。水野参事は一揆側の趣旨も糾問せずに砲撃することはできないと、あくまでも説得による穏便手段を主張する。潔は、

「三城門を閉じて、そのあいだに熊本鎮台の出兵を待つよりほかにない」

と、籠城すべきと意見を述べたが、同意少数で却下された。

現地で執行部の指示を待っている鎮撫隊員らは、すでに説得だけでは一揆勢を抑えることができない状況に追いつめられていた。時間が経つにつれ、鎮撫隊も一揆衆も死傷者を続出していた。六月十九日午前十時、箱崎では中村用六鎮撫総督の命令によって大砲二門を並べ、空砲を乱発するため導火線に火をつけようとしたとき、一揆衆のなかから歎願六カ条が差し出された。

歎願六カ条

一、御年貢は向う三カ年間徳畝の事（年貢の三カ年停止）
一、知事様御帰国黒田県のこと（黒田旧藩主知事の任命）
一、学校と徴兵と地券発行取止めの事（廃止）
一、藩札従来の通り通用の事（藩札の復活）
一、穢多従来通りの事（解放令の廃止）

一、旧暦廃すべからざる事（旧暦の復活）

しかし、それで収まったわけではなかった。別ルートの一揆勢が二十一日、県庁に迫って来た。潔らは急きょ県庁を福岡城本丸に移したが、そこも安全でないことがわかり、さらに橋口町（現福岡市下川端町・洲崎町）の旧鎮撫都督本部へ移す。印章その他の重要書類や用金などを保護保管するなど、被害は最小限に抑えなければならない。時間との闘いだった。そこへ福岡区長（旧藩士）が血相をかえて怒鳴り込んで来た。

「水野参事以下、責任をとって切腹しろ！」

潔は落ち着いて、「余計なお世話だ」と笑い飛ばす。

「死にたければ死ぬがよい。だが、各々信ずるところを行い、その顚末をお届けしたのち処分を待つべきで、それまでは精を限りに力を尽くすだけである」

いきり立つ福岡区長にそう言うと、その場を去った。若輩の典事に言い伏せられた福岡区長は、武士の一分が立たぬとそのあと切腹してしまった。

ついに一揆勢は県庁内に乱入して官舎に放火するという最悪の事態となった。士族隊は大砲を打って気勢をそぎ、抜刀して一斉に切りこんだ。一揆勢は崩れだすと早く、われ先にと退散し国内最大規模の百姓一揆は終息した。

十日間にわたる騒動で、殺害された官員・士族五人、自殺者七人。一揆側は死者二十八人、重傷十八人、軽症二十四人を出した。また被害数は、家屋の破損二三四三件、家屋の焼失二二四七件、損傷した電柱一八一本、である。

驚くのは電柱の多さである。政府は明治四年に東京—長崎間の電信線架設を布告し、工事の妨害や毀損のないよう厳重に警告していた。しかし民衆は理解できないものを畏怖し、何か異変が起きると電信線のせいと結びつけていた。旱魃の不安に始まった一揆はスローガンなき暴動といわれたが、つきつめれば解放令反対と電信柱にあったとのちに分析されている。新しい世に対応できない民衆の、不安の暴発だったといえるかもしれない。

知事不在のなか水野参事を支え、農民運動史最大の一揆の鎮撫に奔走した潔は二十八歳、正義感と行動力ある青年官吏の姿を彷彿とさせる。

一揆参加者の取り調べを始めたのは七月に入ってからで、処分者は、斬罪三人、絞罪一人、懲役二年〜十年九十一人、杖・笞刑六万三八三七人、他罰金刑など総計六万三九四四人にのぼった。杖・笞刑は福岡城内で行われ、捕亡吏五十人で連日執行して十五日かかったという（『福岡県警察史』明治大正編）。

一揆側は大きな代償と引きかえに、明治十年には地租を百分の三分から二分五厘に、付加税を三分の一以内から五分の一以下に下げることができた。「竹槍でどんと突き出す二分五厘」と狂歌にも詠まれ民衆は溜飲を下げたという。一揆蜂起は明治四年から七年までの四年間で全国でおよそ九十件。そのうち一万人以上の蜂起は十一件中六件が明治六年中に起こっている。

七月三日に福岡県令心得大蔵大丞林友幸は十四人を随行して福岡入りをする。謹慎処分となっていた水野参事・団権参事は免官となり、月形、大谷の両典事は従前のまま速やかに乱後鎮静の実効を挙げるよう説諭があった。潔は林県令心得の下で一揆の事態収拾にあたる。七月四日、長野県令立木兼善（名東県士族）が福岡県令に任命される。初代有栖川宮知事が去って実に一年二カ月ぶりの着任だった。

潔は事後処理を終え、新県令が着任すると一揆の責任をとって九月に辞表を出した。贋札事件、農民一揆と処分がつづき、福岡県庁官吏に旧福岡藩出身者は一人もいなくなった。「筑前一揆党民竹槍史談」（「部落解放史ふくおか」第三号、福岡部落史研究会、一九七六年）の編者江島茂逸氏（福岡藩士・県庁官吏）は文中に、「頴敏発才の名のある月形潔」と、才能が人より抜きん出て悟りが早く賢いと記しているが、潔はこの事件を機に福岡をはなれ、中央での活動に移っていく。

旧士族の絶望と怒り

西郷隆盛、板垣退助、江藤新平、後藤象二郎らが征韓論に破れ、辞表を提出して下野したのは六年十月二十五日、翌月十日に西郷を慕う文武官六百余人も辞職して、鹿児島へ追いかけて行った。明治六年十一月十日、大久保利通は「内務省」を設置し、二十九日に自ら内務卿に就任する。それは事実上、大久保政権の成立だった。

その年の十二月に秩禄奉還規則が設けられ、ますます士族層の動揺は大きくなった。廃藩置県で官員となった者以外のほとんどの士族は、すでに生活基盤を失っていた。それでも竹槍一揆のように何事か起こると、藩兵として活動できる場が残されていた。しかし、六年一月に徴兵令が発布され政府軍の力がついてくると、もう士族の出番はなかった。倒幕に協力した士族たちが、次つぎと特権を奪われ、経済的にも窮地に追い込まれていく。こんなはずではなかったという旧士族の政府に対する不満の火種は、あちこちでくすぶり始めていた。「死んでしまふか巡査になるか　食へぬ士族の捨てどころ」などの狂歌がはやるほど、巡査になれたら上々というまで大多数の士族は追い詰められていた。翌年一月に警察制度を全国画一に中央集権化した「東京警視庁」を設置。司法省管轄だった警保寮（警察中央機関）を、内務省に移管した。

ちなみに杖術《じょうじゅつ》は福岡藩のみに許されていたもので、明治の警察が取り入れたという。

筑前竹槍一揆の事後処理を終えて辞職した月形潔は、十月初め上京し司法省八等出仕となった。司法省には司法権大丞となった早川勇がいた。早川勇は福岡藩唯一の徴士として朝廷に指名され、奈良府権判事を務めていたが、明治三年に摘発された福岡藩贋札事件の善後処理のため辞職して、福岡に帰っていた。その早川を深く信頼する三条実美が、再び官職に呼び戻したのだ。前年までの司法卿は江藤新平である。

二月一日、佐賀県士族は征韓論で下野した江藤新平を担ぎ、憂国党の元秋田県令島義勇《よしたけ》を首領に、農民も加わった二五〇〇人が蜂起した。反政府的士族の叛乱が口火を切った。筑前で起こった竹槍一揆は、佐賀の士族・農民に影響を与え、反乱の伏線になったといわれている。

大久保利通は自ら佐賀の乱鎮圧のため東京を出航。潔も「内務卿大久保利通肥前江藤新平暴動に付き取調べの為め下向に付き随行の為め九州筋へ臨時出張」(『月形家一門』)を命ぜられ同行。十九日、博多に上陸した。

「もしここで佐賀士族をばっこさせるならば、九州一円の大騒動にもなりかねない」(『佐賀県史』下巻、佐賀県、一九七四年)と政府の厳然たる威力を示すべく、周到な準備を整えての出陣だった。

大久保は博多に着くとただちに福岡城に本営を置き、福岡の有志が佐賀の乱に提携するのか否か決断する前に、武部(小四郎)、越智(彦四郎)等をはじめ有志を旅館に招き、佐賀征討の挙に参加するよう説き、ついに味方につけてしまった。大久保の作戦勝ちである。同時に大久保は義勇兵をつのり福岡県士族五百余人を募集して臨時鎮撫隊を編成すると、武部小四郎や越智彦四郎らも否応なく組み入れられてしまった。

江藤新平は佐賀が決起すれば鹿児島・高知が続いて立つと勝算があった。しかし援軍はなく政府軍の進撃にひとたまりもなく破れてしまった。この乱で官軍小隊長として従軍中、安川敬一郎の次兄幾島徳《めぐむ》が戦死している。

四月五日、佐賀に臨時裁判所が設置され、権大判事河野敏鎌《とがま》を裁判長に命じた。潔は大検事（現検事総長）岸良兼養の配下として賊徒の審理を担当する。

四月十三日、江藤新平、島義勇は斬首。しかも梟首《きょうしゅ》（晒し首）の審判が下る。その他十一人は斬罪、即日処刑された。この乱で政府軍は一九〇人、江藤軍は一六七人の戦死者を出した。処分を終えて岸良大検事とともに潔も、五月二日に帰京した。

佐賀の乱における政府の大がかりな物量作戦と、梟首という厳しい処罰は全国の反政府士族に対するみせしめのためでもあったという。にもかかわらず士族の反乱は連鎖していった。それも多くの旧藩士が死に場所を求めるかのように、実力行使へと突き進んでいく。潔は同志と対峙しながら、苦渋の決断をしなければならなかった。武部小四郎、越智彦四郎らの旧福岡藩士族はその後、九州連合をめざして薩摩と交流を深めていた。

佐賀の乱の処分をすませて帰京した潔は、一息入れる間もなく、八月には岸良に同行して函館へ向かった。八月十一日函館において、ドイツ領事ルードヴィッヒ・ハーバーが殺害された事件の取り調べである。函館が開港したのは安政元（一八五四）年で、幕府は米国水師提督ペリーと神奈川条約を結び、下田・箱館（函館）の二港を開いたことに始まる。ドイツが函館に領事を置いたのは慶応元（一八六五）年四月で、ハーバーは明治七年二月に二代目領事として着任したばかりだった。

犯人は旧秋田県藩士田崎秀親二十三歳である。田崎は皇学を研究していたがその衰退の原因は洋学にあり、それも日本が外国と和親を結び外国人が多数居留しているためと、常々憤懣を抱いていた。「居留外国人を全員殺すのは無理だが、我が国のためにせめて一人でも殺害し、我が赤心を表わしたい」（函館市編・刊『函館市史』通説編第二巻、一九九〇年）と、殺害目的で函館へ来ると、その機会をうかがっていた。田崎の自供によると、「誰でもよかった」という。

十一日夕刻、ハーバーは日課としている散策に出た。招魂場（現護国神社）付近を散歩途中に、不運にも標的とされてしまったのだ。あとをつけて来た田崎が日本刀で斬りつけ、全身二十四カ所の傷を負わせて殺害。ハーバーは三十二歳だった。田崎はその足で富岡町の羅卒屯所（現警察署）に自首してきた。取り調べた結果、共犯者はなく、「極端な排外思想を抱きたる青年血気の発作である」（前同）と、田崎の私憤による単独犯行であることが判明する。

函館に着いた岸良、潔らは以上の報告を聞くと、再度の検証に入った。十三日ドイツ公使館付書記官ケンプルマン、艦将リョウネスらが函館に到着。岸良と外務五等出仕野村靖らと、両国で話し合いが重ねられる。九月二十六日英米独の各国領事立ち合いのもと、田崎秀親は斬罪された。処刑を見届けたうえで、潔らは事後処理をすませて帰京した。

明治の急速な近代化によって、日本各地で行き場を失った旧士族の絶望と怒りは暴力となって噴出していた。筑前の農民一揆も佐賀の乱もハーバー事件も、すべてが時代の変化に戸惑う国民の不安から起こっていた。それらを新政府はまた、首を刎ねるような暴力によって解決しようとする。この先いったいどうなるのか、潔は一件落着しても晴々とした気持ちになれなかった。

佐賀の乱やハーバー事件を処理した潔は二十八歳、成長もいちじるしく司法省で頭角をあらわしていた。翌八年六月司法省権少検事に昇任し、設置されたばかりの大審院《だいしんいん》詰となった。明治憲法下で最高の司法裁判所である。同年十二月二十七日に少検事に昇格し、東京裁判所詰に転任。張り詰めた気持ちで東京裁判所へ行くと、そこに早川勇も中検事として配属されていた。中央官僚に福岡人が皆無で気を張っていた潔は、幼いころから兄のように慕っていた早川勇の存在は心づよかった。早川も、「恩師月形春耕（筆者註・健）の嫡男潔がいて、めきめき伸びていた」（『雷鳴福岡藩』）とふたりは再会をよろこびあったが、それも長くは続かなかった。九月末に早川勇は黒田家財産盗難乱責事件の疑惑をかけられて突然警察に連行され、長い法廷闘争に巻き込まれてしまったのだ。

大久保は九年九月二十七日付の岩倉具視宛の書簡のなかで黒田家々職の不正事件にふれ、「早月両印も到底無事ニハ相済申ましく」（『大久保利通文書』第七巻、マツノ書店復刻、二〇〇五年）と司法に係わる早川・月形の責任を追及している。幸い潔は責任を免れたが、感傷に浸る間などなかった。九州で旧藩士の動きが活発になり、中央政府に緊迫感が漲り日に日に痛いように伝わってきた。神風連《じんぷうれん》の乱、秋月の乱、萩の乱と連鎖して起こり、挙兵したどの藩士も知古の友ばかりだった。いま潔は少検事となり官の側の人間として、反乱軍を取り締まる立場にいる。それでも決起する士族の気持ちは理解できるのだった。

徴兵令によって士族の存在価値は否定され、六年八月には金禄公債発行と引き換えに、一切の禄が廃止された。それも公卿や大名・華族は一人平均六万四千円に比べて、士族の平均は五百円余り。家禄に頼るしか生活手段をもたない士族は、経済的基盤をも失った。続いて廃刀令と断髪令が発布され、「武士の魂まで取り上げるのか」と士族の誇りまでもが剥奪され、心身共に追い詰められていのだ。

九年十月二十四日、「政府の西洋かぶれを正す」と熊本の敬神党員二百余人は、日本刀と槍だけを持って蜂起した。熊本鎮台を襲撃するも、すぐに鎮圧された。「神風連の乱」である。

熊本に呼応したのは福岡藩支藩秋月藩士一五〇人余で、秋月党を結成して二十七日決起挙兵した。山口県萩の前原一誠（前兵部大輔）らと同時多発の戦略だった。大きく報国と書いた旗のもと、豊津藩士と合流のため豊前に向かった。秋月決起の知らせを聞いた前原は、その翌日、五〇〇人を率いて決起した。「萩の乱」である。しかし、政府の密偵によって事前に動きは内偵されていた。前原一誠らは広島鎮台の艦砲射撃であえなく敗退し、山陰路を東へ逃走。十一月五日ついに島根県宇竜港（現大社町）で捕縛され、翌月三日に処刑された。

旧士族の怒りは連鎖し、東京でも萩の乱に呼応して起こった一団があった。旧会津藩士永岡久茂ら十四名で、二十九日思案橋に集まったところをその場で逮捕されてしまう。計画では千葉から出航し日光、会津若松を襲撃しながら、前原らと合流する予定だったという。「思案橋事件」である。

一方、福岡の箱田六輔、奈良原到、頭山満らは萩の前原一誠と呼応し、前原となら一緒に立ち上がってもいいと準備を進めていた。だが前原らの挙兵と同時に、張り込んでいた警察が頭山の家に踏み込み、「大久保を斬れ」と書いた一札が見つかったことで計画が発覚。頭山満、進藤喜平太、箱田六輔らは投獄されてしまった。

さて明治維新後の最大の反乱となる西南の役だが、それは六年十月に征韓論に敗北して西郷隆盛らが下野したときに始まるという。内治派の木戸孝允や大久保利通らは欧米諸国を視察して、日本の脆弱さを痛感していた。いま外征など行うべきときではない、まず国の力をつけるのが先だと考えた。一方の征韓論派は、廃藩置県によって失業した多くの武士たちは、中央集権官僚制に反対し不満が高まっている。「諸藩および不平武士の目を海外にそらし、その間に中央政府の権力を確立しようとすることにあった」（井上清『日本の歴史20　明治維新』中央公論社、一九六六年）としているが、朝鮮征服のための口実だったという。

征韓論に破れて下野した者たちは、二つの大きな流れを作る。一つは佐賀の乱や萩の乱のように、武力で政府をゆさぶる流れ。一つは言論によって闘いを挑んでいく流れに分かれる。翌七年四月一日高知で板垣退助らによって「立志社」が設立され、自由民権運動の嚆矢《こうし》とされる。翌年に大阪で開かれた全国大会には福岡から武部小四郎、越智彦四郎も参加。そのときふたりは板垣退助に会って、反政府運動に力を結集することを誓った。

福岡では八年から九年にかけて、矯志社《きょうししゃ》（武部小四郎）・強忍社《きょうにんしゃ》（越智彦四郎）・堅志社《けんししゃ》（箱田六輔）と自由民権運動の結社ができていく。結集した旧士族たちは親や兄弟、同門が筑前勤王派で、乙丑の獄で処罰された藩士の子弟が多数を占めていた。越智をはじめ結社の青年士族たちは、七年から十年にかけて鹿児島に遊学して、私学党とも親しく交わっている。「一日事を為すべき時の準備」（清漣野生遺『明治丁丑 福岡表警聞懐旧談』大和叢書第二十号、内田義徹編・刊、一九七三年）に備えていたのだ。西郷隆盛は言論の力や建白書で政治が変わるとは期待していなかったという。福岡の各結社でも言論で闘うには限界があり、残るは実力行使しかないという結論に向かいはじめていた。

武部小四郎は確信していた。

「西郷は必ず挙兵する。それも近い」（建部武四郎『大いなる歳月』私家版、一九八三年）

いよいよ薩摩が挙兵するという情報が福岡にも伝わってきた。いまこそ西郷隆盛と共に、新政府と闘うべきときが来たのだ。十年一月には矯志社・強忍社・堅志社の急進派有志は結集して、「十一学舎」を起ち上げ決戦に備えていた。

西郷隆盛起つ

西郷隆盛は征韓論に敗れて下野すると、これからは政治と縁を切って穏やかな余生を過ごしたいと鹿児島に帰っていた。そのとき西郷を慕って文武官六百人余は辞表を出し、鹿児島に西郷を追いかけて来た。彼らは西郷をけ落とした内治派に対し怒りに燃え、反撃の機会を窺っていたのだ。その殺気を憂慮した西郷隆盛は七年秋に私学校を設けて、彼らのエネルギーを勉学と武術に向けようとしていた。ところが三年もすると私学党の幹部が県の官職を握り、県下を制する一大勢力となっていた。しかし、近いうちに九州で西郷隆盛を擁して大規模な反乱が起こると予測した大久保は、千人近い官兵を福岡と佐賀に配備させ決戦に備えていた。九年十二月末になって、県下情勢を探るために潜入させていた密偵から、緊急報告が入る。

「私学校徒ノ猖獗《しょうけつ》実ニ言語ニ絶ヘタリト、曰ク該校人員ハ隊伍ヲ組ミ射撃ヲ専ラニシ、人校之人員ハ日一日ヨリ増加シ、此末決シテ無事ニ沈マルヘキ景状ニアラス」（「高崎親章外二十人始末書」第五号〈『鹿児島県史料』西南戦争第一巻、鹿児島県、一九七八年〉）と緊迫の様子が報告された。

私学党過激派の動きを危ぶんだ政府は、年明け早々に鹿児島に保管している兵器弾薬の一部を大阪に移すことを決める。ところがこの弾薬はもともと、薩摩が整えた設備で造られたものである。このことを知って激怒した私学党は、火薬庫に夜襲をかけて武器弾薬の一部を奪い取るという事件が起こった。二月三日のことである。また、大久保利通は鹿児島出身の警察官を帰省させて情勢を探らせていたのだが、二月六日には、警視庁少警部中原尚雄《ひさお》ほか二十一名が私学党に捕まってしまったのだ。中原らは拷問にかけられ「西郷を刺殺のため潜入」と自白したことで鹿児島は騒然となった。じつは「視察に来た」を聞き違えたともいうが、これをきっかけに私学党は西郷隆盛に決起を懇請しつよく迫ってきた。

西郷は苦渋の決断をする。腹は決まった。二月十五日、

「拙者儀、今般政府へ尋問の廉これ有り、明後十七日県下発程、陸軍少将桐野利秋、陸軍少将篠原国幹《くにもと》、および旧兵隊の者随行致し候」

との一書を熊本鎮台司令長官谷干城《たてき》に送り、一万五千人の県下士族と共に西郷隆盛は雪のなかを熊本へ向かった。途中、宮崎、大分、熊本の旧藩士が馳せ参じ、熊本に着くころには四万二千人余にも達していたという。西郷軍は不平士族から自由民権派までの大隊となり、新政府に対する最後の決戦となった。

西郷隆盛の真意はなんであれ、一書は政府への宣戦布告だった。二月十九日、政府は「鹿児島賊徒征討」の詔勅《しょうちょく》が下りると、有栖川宮熾仁親王を征討総督に征討軍が編成され、二十六日に陸軍中将山県有朋、海軍中将川村純義の三旅団は仮本営となる博多勝立寺に陣を張っ

た。西郷隆盛が私学党を率いて熊本へ向かったと、鹿児島に行っていた同志が、武部小四郎、越智彦四郎のもとに急報を持ってきた。「西郷先生ついに起つ――」。いまこそ西郷と共に戦うときがきたと、十一学舎の同志が結集を始めた。

武部らの動きを憂慮していた福岡県令渡辺清は、十一学舎の解散を命じ、さらに黒田長知に説得を依頼する。潔は東京から駆けつけた長知に同行した。「熾仁親王日記」巻二（国立国会図書館デジタル化資料）によると、潔は二十八日に黒田長知に同行して勝立寺を訪ねており、三月一日と六日にも征討本営となった福岡城へ少検事の立場で征討総督を訪ねている。

熊本城は西郷軍によって包囲された。熊本城に置かれた鎮西鎮台兵はおよそ四千人。桐野らははじめ、「百戦錬磨の薩摩隼人の前に、土百姓の鎮台兵が勝てるものか」と勝利を確信していた。二十二日、攻撃を開始した桐野は「一挙に熊本城を陥落して、博多で敵船を乗っ取り、大阪湾に上陸する」（『大いなる歳月』）計画だったという。事前に武部小四郎らは博多湾で船舶の確保を桐野に依頼されていた。しかしいざ戦ってみると兵の数だけではなく、近代兵器・調査網・輸送力・通信網とその圧倒的な力の差に阻まれて、陥落の気配さえなく日が経っていく。苦戦を強いられ長期戦となった西郷軍に、追い討ちをかける情報が入ってきた。小倉から一千人の兵を率いる乃木希典少佐の連隊が、熊本へ向かったという。西郷軍は急遽作戦を変更し、田原坂へ向かった。

翌二十六日、元老院議員柳原前光《さきみつ》が勅使、黒田長溥を副使として、島津久光を説得するため鹿児島に派遣された。西郷軍に加担しないよう念押しである。また鹿児島県令には、「征討の布告、西郷や桐野・篠原らの官位剝奪の伝達、県庁への指令」（『日本史大事典』平凡社、一九九三年）など柳原勅使の伝達を聞いた大山綱良は、政府のつよい鎮圧の姿勢に不安がよぎった。長溥は鹿児島に残り、久光の近くにとどまっている。

征討軍は全国各地の士族を警察官として募り、「警視庁巡査隊」を結成して送り込んだ。応募した巡査のなかには旧幕臣や会津・桑名藩の出身者も多く、「戊辰の恨み」と叫びながら薩摩軍に斬りこんだという。

福岡県遠賀郡岡垣町に残る『吉木続旧記』（福岡県文化会館、一九八〇年）に、「当辺よりも軍夫呼集に付、夥敷《おびただしき》人数参る。いつれも御雇立にて百人長ハ一日給一円、五十人長ハ五十銭、軍夫ハ二十五銭、賄《まかない》ハ焚出しにきり飯のよし、言語同（道）断の事。九州初つの大乱なり」とあり、村民は政府軍の募集に応じ、お金を手にして至極賑やかだったと記してある。福岡の街は官兵と警察隊であふれていたという。

余談だが、後年大炭鉱王となり、柳原白蓮問題で男をあげた伊藤伝右衛門だが、当時は遠賀川の船頭である。軍夫は日当五十銭と聞いて志願し、田原坂で官軍に弾丸を渡して歩く弾丸運びをやっていたという。

長知は再三武部と越智を呼び、「一命は必ず自分が預かる。今度の計画だけは思い止まってくれ」（『大いなる歳月』）と説得に努めた。潔も武部らの大義に殉ずるという捨て身の一途さの前で必死だった。「生きて世の中を変えようではありませんか」。若輩の身ながら、年少のころから彼らの力を知っているだけに、ここで無駄に散らしてはならないと心底思った。

しかしふたりは、「国家の衰退を座視することは耐えられぬ」と、三月二十八日武部小四郎、越智彦四郎らは、「新しい政権を打ち立てるために」第二の明治維新をめざし決起した。「福岡の変」である。武部小四郎は腹に遺書を巻いていたという。総勢八百人余は二手に分かれ、福岡城下のあちこちに火を放ち、その足で福岡の獄を襲撃。秋月の乱で拘留されていた旧秋月藩士族を解放すると、一気に福岡城へ攻め上がった。

そこまでだった。事前に情報をつかみ待ち構えていた鎮台兵の反撃にあい、近づくことさえできず、あっけなく敗退。武部小四郎らは鹿児島へ行こうとしたが、四月五日捕縛された。戦死者八十四人を出し、わずか五日間で壊滅した。武部小四郎ほか四人斬首。

一方、田原坂の血戦は昼夜を問わず十余日間におよび、累々たる屍の山を築き血に染まっていた。その間に征討軍は八代港から日奈久《ひなぐ》に上陸し、西郷軍が鹿児島へ逃げ帰る陸路を遮断してしまったのだ。

武器弾薬、資金も底をつき、多くの同志を失った西郷軍の敗走が始まった。人吉から日向へ向けて移動。征討軍は執拗に追って来る。敗走中に苦肉の策で発行した不換紙幣も、すでに信用は乏しく小額にしかならなかった。松本清張の小説『西郷札』（新潮文庫）は、このときの紙幣である。

福岡の変を描いた錦絵「有のそのまゝ　拾三号　福岡県下暴動」（福岡市博物館蔵）

八月十七日、重囲を脱するために残された道はひとつ、七三八メートルの可愛《えの》嶽《たけ》を越えねばならない。さほど高い山ではないが山路は険しく、西郷は自力で登ることができなかったという。ところが頂上で待っていたのは征討軍だった。やっとの思いで逃げ果たすも、鹿児島までは山また山の山岳地帯である。二十九日、姶良に辿り着くと鹿児島城下に突入し、城山に着いたのは九月一日だった。

九月二十四日午前四時、征討軍は総攻撃を開始した。西郷隆盛は逃れる途中、二発の銃弾を腹と腿に受けて動けなくなり、旧陸軍少佐別府晋介の介錯で自刃する。「晋どん、もうこのへんでよかろう」を最後の言葉に、五十歳の波乱に富んだ人生の幕を下ろした。二月十五日から七カ月余にわたった西南の役は、午前八時に終息した。この日の戦死・自刃は一五九人で他の者は投降。西郷軍は敗北し、士族の反乱は終焉を告げた。徴兵で集めた素人集団の征討軍が、日本最強の薩摩軍を相手に戦って勝利し、自他ともに日本軍と認められた日でもあった。

終息後ただちに九州臨時裁判所を長崎に、鹿児島・宮崎に出張所を置いて審理を行い、年末までにすべてが終わった。鹿児島県令大山綱良ら四人斬罪、三人極刑、処刑総数二七六四人。西郷軍の戦死・病死者七四七六人、征討軍の死傷者一万六〇九五人である。

西南の役終結までの一年間で月形潔の動きがわかるものは、鹿児島県令大山綱良の書簡と、密偵が内務省へ景況報告のなかで登場する二通（共に『鹿児島県史料』西南戦争第一巻）と、「熾仁親王日記」に記されているだけである。

大山綱良から少検事月形潔宛に出された書簡には、西郷隆盛の出京について取り調べもすんで明瞭になったと察していたのに、その後征討総督有栖川宮が長崎へ出張されたと聞き、実に意外で薩摩を挙げて憤懣に堪えないと訴える。大山はさらに続けて「比節社《こそ》真ニ天下ノ安危ニ関スル而已《のみ》ならす、海外ニ対シ尚更之事ニ奉存候」（『鹿児島県史料』）と、事の重大さを訴え、諸有志のためにも天下のためにも西郷の疑惑を解いてほしいと、少検事の月形潔に歎願している。日付の三月三日は田原坂で西郷軍の敗色が濃くなったころである。大山の言い分は、西郷大将は辞表を出して以来、県下で厳粛に謹慎していた。それなのに、「何等の御嫌疑あって、大久保利通・川路利良は私怨によって不容易に国憲を犯し、暗殺の内諭を下したことは（略）政府上の御失体と存じます」（「熾仁親王日記」）と、有栖川宮宛の書簡にある。その後大山は官位剝奪されて東京へ送られ、九月三十日、長崎で斬刑される。

潔に関していま一つの書簡は、「鹿児島県景況及探偵書」（『鹿児島県史料』西南戦争第一巻）の中にあった。あて先は明記されていないが報告の冒頭に、下関から月形潔が同船してきたことを報告。日付は三月五日以降としかわからない。

「今月（三月か）五日鹿児島発にて吉本二級判事補・大井三級検事補の両人、中山（中原）以下処分方の儀に付、伺の為め出京の途上、下の関より月形潔同船候に付、鹿児島地景況伝聞せしことを同人より山田司法大輔（顕義・陸軍少将兼務）に転話せし処、当地御出張の儀にも有之に付、内務卿へも上陳候様との事に付、為其罷出《まかりいで》候事」とあり、潔は内務卿大久保利通より鹿児島県下の情勢をさぐる密命を受けて東京・九州を飛び回っていた可能性も想像できるが、まだ身分は少検事である。

四月以降の潔の足跡は定かではないが一転して、同年八月と九月に東京裁判所からの呼出状が残されている。それは「少検事奉職中」に犯した罪状によるもので、「右ハ少検事奉職中福岡県士族西島祐吉自首ノ儀ニ付職務ニ関スル公事ヲ他ニ漏泄シタル儀有之当時東京裁判所検事ニ於テ取調中本人出頭不致候」（国立公文書館デジタル化資料）とあり、司法卿大木喬任《おおきたかとう》から太政大臣三条実美宛の伺書が九月十五日付に出されている。出頭要請にも応じず、この間、何があったのか。潔が他へ漏らした公事とはどのような内容なのか、西島の自首した事件とは何か、早川勇とも親交がある西島祐吉の行状は未だ不明である。

これらの断片的な足跡から判断すると、「西南の役で警視庁巡査部隊長の一隊長として薩軍討伐に出征しており、西郷城山陣没の際には抜群の勲功があったといわれている」（重松一義『典獄月形潔とその遺稿』福岡矯正管区文化部、一九七七年）とする推測には疑問が残るのである。

福岡の変の放火によって、追廻新屋敷（現福岡市六本松付近）の月形健宅が焼失した。三年前に妻竹を亡くし、健も六十五歳になっていた。十二年に那珂郡警固村に転居するまで、早良郡谷村（現福岡市鳥飼）へ身をよせることになった。この福岡の乱で家を焼かれ負傷した者は多く、牛馬の焼死など多数の被害が発生した。「長溥・長知の旧藩主父子が、被災者救助金として私財六千円を提供」（『黒田家譜』第六下）して被災者救済にあてたとある。

七カ月にわたって国内を二分した西南の役が終結し、これから国内行政の充実に取り組み始めた十一年五月十四日、維新の中心人物である大久保利通が暗殺された。犯人は旧金沢藩士族島田一郎ら六人で、早朝宮中へ向かう大久保の馬車を赤坂紀尾井坂下で襲い、路上に引き出してめった斬りにして首を取った。その足で島田らは自首。西郷隆盛に私淑し、憎悪による犯行だったという。

西南の役さなかの明治十年五月二十六日、西洋事情に通じ開明的な思想家として信頼されていた木戸孝允が、西郷隆盛の身を案じながら四十五歳で病死。その四カ月後の九月二十四日、巨大な人望を持つ西郷隆盛は城山にて自刃。五十一歳。そしてその翌年の五月十四日、鋭い見識をもった大久保利通が暗殺された。四十九歳だった。幕末から明治へ牽引し維新三傑と呼ばれた三人が、相次いでこの世を去って行った。

大久保利通は暗殺直前の朝、私邸に訪ねてきた福島県令山吉盛典につぎのように話したという。「明治元年から十年までが創業の時期。十一年より二十年は最も肝要な時期で、内治を整え、民産を殖する時期。二十一年から三十年は完成の時期で、後進が継承する時である」（加来耕三『大久保利通と官僚機構』講談社、一九八七年）

ようやく第二期目に足を踏み入れたばかりだった。木戸、大久保を失い新政府の屋台骨がゆらいでいた。大久保亡きあと、内務卿として国づくりの「最も肝要な時期」を托されたのは長州の伊藤博文だった。ところが薩長藩閥と批判される新政府は、政治に私情がはなはだしく、伊藤をはじめ参議たちは湯水のように濫費し、財界と癒着しては互いに巨万の富をむさぼる政治へと変わっていった。

藤田組贋札事件

さて西南戦争後半の動きがつかめなかった潔だが、十一年十月に明るみに出たいわゆる

「藤田組贋札事件」の中間報告書六葉が遺品の中から見つかった。司法卿大木喬任宛、中警視安藤則命名義だが、潔が起草し下書きしたものだという。容疑者全員が決め手となる証拠不十分で事件はうやむやに終わり、無罪放免となった二日後の、十二年十月二十二日付である。その報告書には、取り調べはおざなりで、事件の深い闇に迫れないもどかしさが書き付けてあった。

藤田組贋札事件とは、明治十一年十月、第一国立銀行で額面二円（現在の約二万円）の贋札紙幣がおよそ二千八百枚も発見され、大蔵省に届けたことから政界をまきこんだ大疑獄事件の発端となった。贋札紙幣は関西地方を中心に、大蔵省出納局に入った租税貢納金のなかだけから発見されたという。その二円紙幣の精巧さはおどろくほどで、当時の日本の技術では作れない銅版印刷によるものと判明した。

十一月に大蔵省出納局長より大警視川路利良宛に、厳密探偵の要望書が出される。川路は内々に贋札事件に関する証拠を集め、嫌疑十分とみて捜査主任に中警視安藤則命を命じ、全国いっせいに探索を開始した。ところがその矢先、川路は政府から警察制度調査の急命をうけて、ヨーロッパへ出張してしまった。

翌年の年明けから大警部が各地に出張し捜査の結果、大阪が根拠地であることを突き止めたのだが、てがかりが杳《よう》としてつかめず捜査は難行していた。ところが八月になって、事件は思いがけない展開をする。大阪府民木村真三郎が密告をしてきたのだ。

「その偽造紙幣は井上（馨）氏欧州より送付し、中野（悟一）藤田（伝三郎）をして行使せしめたる顛末」（重松一義編『典獄月形潔とその遺稿』福岡矯正管区文化部、一九七七年）を藤田組の雇人から聞いたというものだった。井上は財務卿だった明治五年に、新紙幣発行をドイツに発注した人物である。明治十二年九月十五日早朝、巡査七十人はいっせいに関係各所に踏み込み、藤田、中野をはじめ容疑者を拘引した。

容疑者とされる藤田伝三郎、中野悟一については、「元来山口県ノ一小売ニシテ数年以来劇ニ富豪トナリ当時大阪ニ在テハ洪大ノ家屋ニ住シ金銭ヲ浪費シ酒食ニ酖リ且諸官吏ニ賄フ壱年ニ数千金ヲ下ラス其他種々旧悪ノ聞ヘモ多シ中野悟一ニ在ツテハ之山口県令在職中井上馨等ト同謀シテ同県下人民ノ税納品代金ニ係ル不正ノ聞ヘモアル人物デ」（前同）、大阪府民は藤田組を官員商社とよび、贋札事件は同組に関係あるだろうと噂していた。

贋札事件による藤田、中野らの捕縛の波紋は、薩長間の藩閥から政党の争いに発展し、政界は大混乱に陥っていた。井上馨と藤田組の癒着は明白で、紙幣偽造の背後に井上が関係していることが報道され、同じ長州閥の山県有朋の名前も浮上していた。

事件の調査が進行中の十月十三日、ヨーロッパの視察から横浜に帰着した川路利良が、船中で急死した。関係者の落胆は大きく、世間では「贋札の証拠をつかんだために長閥に暗殺された」とささやかれたという。

東京鍛冶橋の監獄で密告者の木村真三郎の審問が始まった。潔の報告書によると、言った言わないの有無を確認するだけで、藤田組の「資産並利益」（前同）こそ怪しむべき一つなのに追及せず、あいまいにしたまま事件は支離滅裂に終わってしまったが、「何トナレハ同組ニ於テ明治八年九月中ノ資金ハ僅ニ数万円ナリシモ明治十年ニ至リ俄ニ百万円余ノ資金ヲ増殖シテ之ヲ流通スルニ至レリ而シテこの利益ハ果シテ何等ノ方略ニヨリ之ヲ得タルヤ不明ナラス」（前同）と書き付ける。

さらに続けて「明治十年中諸官吏ニ贈賄セシ代金壱万千三百七拾七円其他現金ニ係ル者数百円ニ至ル実ニ驚クヘキ巨額ニシテ」、論客のなかには、社会の賄賂は交際上必要なものであれば賄賂ではない、と言う者もいるが、「官庁用達商人ニシテ何ノ縁故アリテ該官庁ノ諸官吏及警察官会計官吏等ニ此等厚キ賜物ヲ為スヘキ交際アリヤ」（前同）と、調査の不審点を具体的に指摘しながら、未だ納得できない思いを吐露している。

さらにその取り調べが行き詰まっているのは、大阪府の警察官自らが藤田組より賄賂を受け取り籠絡されているからにほかならない、と鋭く指摘する。しかも、「其事犯ノ中等以下ニ係ルモノハ之ヲ罪シ、其上等ニ位スルモノニ在テハ不問ニ付スルカ如キハ何ヲ以テカ法律ヲ確立シ政権ヲ維持スルヲ得ンャ」（前同）と不公平な取り調べ状況を具申するのだった。

現今、高知県愛国社、福岡県の向陽社など各地方で結社をつくり、人民を煽動教唆している者たちが政府を攻撃するのも官吏の不正がその要因の一つとなっているのだ。もしこのまま放置するならば、「其弊害益々凝結蔓延シ随テ政綱癈弛シ人民益々官吏ヲ侮慢《ぶまん》シ政府を然望シ云フヘカラサルノ患害ヲ生セン」（前同）。警察は上下貴賤の差別なく公平に執行するべきことを人民に示さなければならないのだ。

このことは故川路大警視も憂慮していたことで、潔や安藤らもこの事件に着手したのは真の警察精神を取り戻すためで、決して私心を介するものではなく、ついては担当警視等の意見書証拠品など添えて上申するので「更ニ其探索ヲ厳ニスヘキ御下命アラン事ヲ企望ス此レ拙官等カ為国家偏ニ祈念スル所ニ候」（前同）と、いま一度藤田組の疑惑解明をして欲しい、それは国家のためにも祈念していると大木へ書き綴っているのだった。

さて政財界を巻き込み、明治新政府の屋台骨を揺るがしかねないほどの黒い霧におおわれていた藤田組贋札事件は、告発者木村真三郎に「誣告罪《ぶこく》」で懲役七十日の刑を言い渡して幕を引いた。木村は放免後、「疑惑未だ解けざるかどあり」（一八八〇年七月二十四日付「曙新聞」）とその筋に訴えたが却下されてしまう。中警視安藤則命は免官・位記返上。権大警部佐藤志郎は懲戒免官の処分が下る。その翌年、事件のカギを握るといわれた藤田組参謀中野悟一は、原因不明の自殺を遂げた。事件の「報告書」はその後およそ百年近く、潔の遺品のなかで大切に保管されていたのだった。

藤田組贋札事件の捜査を終えた月形潔は、人生の岐路に立っていた。来し方三十三年をふり返る。福岡の同志はもとより指針とする木戸孝允も大久保利通も逝ってしまった。新しい国のかたちを作るために幾万の命が散り、その大きな代償と引き換えに手に入れた国家のはずだった。しかし生き残ってそれを手にした者たちの、このていたらくは何としたことか。西郷隆盛を血まつりに挙げて、巨万の富を手にした政商たち。その死の商人とつるんで賄賂をむさぼる官僚たち。金によって人の心まで買われてしまったのか。

潔は幼いころから「自己愛を捨てることが終生の目標」と、儒教の教えで育ってきた。自己愛を捨てるどころか、自己愛のために人を貶める輩の何と多いことか。潔は求める国の在りかたを模索し迷っていた。

そのとき、ふと生前に聞いた大久保利通の言葉が脳裏をよぎった。

「自分で自分を滅ぼしてはならない。困難に負け、志を捨てたとき、すべてが崩壊してしまう」（『大久保利通と官僚機構』）。耐えて時を待つことも必要なのだ、と教えてくれた大久保は志半ばで逝ってしまった。

三年後の十五年九月、用紙に手描きした偽二円紙幣が天井裏からみつかったと、真犯人が逮捕された。画家の熊坂長庵三十九歳である。平安時代の大盗賊で牛若丸に討たれたという熊坂長範と、一字違いのため混同されて負のイメージがあったのだ。真犯人が逮捕されると藤田組はさっそく、新聞紙上に「藤田組無罪」のお礼広告を出したという。

同年十二月八日、神奈川重罪裁判所において、熊坂長庵に無期徒刑が言い渡された。

北海道を拓く

北海道へ

幕末から明治と急激な社会変化に国内は混乱し、各地で農民一揆や士族の反乱、そして凶悪な犯罪が頻発し逮捕者は二万四千人を超えるほど激増していた。このままでは従来の藩牢の数では収容しきれず、そのうえ囚徒に対する扱いも藩によって違い混乱が生じていた。政府にとってそれらの国事犯や重罪囚徒を収容する大規模施設の建設が急務となっていた。岩倉具視は全国統一を図るため、刑罪改革に着手する。刑部省官吏小原重哉を香港、シンガポールへ派遣して獄制を調査させ、明治五年十二月に「監獄則及び其細則」が制定された。初代司法卿は江藤新平である。十一（一八七八）年に元老院で「全国の罪囚を特定の島嶼《とうしょ》（島）に流し総懲《そうちょう》治監《じかん》とする」と決議を行った。懲治監とは、刑期終了・満期となっても未だ「悪心」のやまない者が、未成年者・成年者を問わず収容される監獄である。

まず既存の小菅監獄（東京）を改造し、二つめは新たに宮城県にベルギーのルーヴァン監獄を模倣した木造洋式の集治監を建設。宮城は主に西南の役の国事犯が収容されたが、まだまだ数は足りなかった。特定の「島嶼に流し」の候補地として、政府は国内三番目の総懲治監建設の地を北海道と決めた。十二年七月に内務省に監獄局が設置され、局長に石井邦猷が就任。九月十七日付、内務卿伊藤博文から太政大臣三条実美宛の伺書には、

「本道は天候風土他の等宜に非さるも、延袤《えんぼう》（広さ）数百里尤も肥沃の土壌なれは、遣犯に科して之を懇起し或は鉱山に役し、沍寒凝固の日は当応の坐作に服し、流囚及ひ徒刑人の如き各自制規に由て放圄《ほうぎょ》（放免）の後、或は耕耘し或は工業を営ましめ、漸次生歯《せいし》（人民）の繁殖を期せさる可からす」

とあり、その目的として、

一、長期の流刑徒刑囚を北辺の未開地に送って自耕自食させ、内地における拘禁の負担を免れるとともに、危険分子を排除して社会治安の維持を全うすることである。

一、これら徒流刑囚徒の労働力を活用して北海道開拓にあたらせ、国家の資源を開発することである。

一、これら受刑者の改化遷善を促し、人口稀薄な北海道に安住の天地を与え、自立更正させる。

と隔離、開拓、定住の三つを掲げた。

十三年二月二十六日、伊藤博文は開拓使長官黒田清隆へ、目的に添う集治監設置の候補地二、三カ所を選定してほしい旨を依頼した。まもなく黒田長官よりつぎの候補地の返答が届いた。

一、後志《しりべし》国蝦夷富士（羊蹄《ようてい》山）山麓
一、十勝国十勝川の沿岸
一、石狩国シペツ太《ぷと》

さて、三カ所のいずれの地に決定するか、早急に現地調査が必要となった。しかし、北海道開拓や囚徒の管理は国家の重要課題ではあるが、中央官僚がよろこんで行く仕事ではなかった。そこで伊藤博文が白羽の矢を立てたのが、藤田組贋札事件を担当していた月形潔である。薩長で巧く収めた事件に、いつまでも青臭い正義感を振り回されても困るのだ。潔の聡明さと根性、仕事に対する誠実さを十二分に発揮させ、かつ中央からしばらく遠ざけたい。しかも薩閥で要職を独占する北海道へ長閥を行かせては、何かと摩擦が生じることは目に見えている。旧福岡藩であれば利害関係もなく一石三鳥である。もちろん困難な任務だが、潔ならば期待に応える器と見込んでの抜擢だった。

開拓使長官黒田清隆は北海道を北欧やアメリカのような世界づくりを目指していた。明治五年から十年間の北海道開拓計画の指導に、アメリカ西部開拓の経験をもつアメリカ農務局長のケプロンを招き、実検農場や模範工場、庁舎などあらゆる面でアメリカ式のパイオニア・システムが導入されていた。九年にアマスト大学々長ウイリアム・クラークが札幌農学校に招かれて人材育成を図るなど、北海道は発展過渡期の若々しさがあった。しかしそれは海岸部や函館、札幌周辺の一部でしかなく、内陸部の大半は手付かずのまま放置されていた。

十二年十一月五日、潔は内務省監獄局御用掛を命じられた。翌年四月十六日准奏任となり、北海道現地調査を命じられる。三十三歳の月形潔にとって、七年にハーバー殺害事件の調査で函館に行ったことはあるが、北海道は未知の大地である。しかも政府の重要な任務を担う仕事である。期待に応えるべく全身にやる気が漲っていた。

さっそく潔を主任とした調査団に選ばれたのは、海賀直常、小田為孝、佐藤甫、中井美俊、吉川貞夫、守口如瓶、筑紫寛亮の七人である。四月十七日、調査団は横浜港を出航した。それは想像を超える厳しい任務の幕開けだった。四月二十一日、函館に着くと、そこは大火のあとで言葉では表せないほどの惨状だったという。人口は極めて少なく、港湾部に漁業者がいるほかは、農家は皆無といってよかった。

潔は函館に着いた日から、探索の任務を終えて再び函館に戻った六月五日までの見聞を詳細に「北海回覧記」（月形樺戸博物館蔵）として書き残している。この報告書は、観察力・描写力に優れており、詩文に巧みと評された潔の面目躍如である。行程を追って回覧記の要点を記してみたい。

北海回覧記

明治十三年四月二十一日、潔ら一行は函館港に着くと七重村勧業試験場を訪ねた。主任官湯池定基権少書記官（のちに根室県令）の道案内で官舎、動植物園を見学する。牧場には西洋産の種馬がいて和洋混生の良馬が多い。七重村の近くには樹木は乏しいが、苗木接木で果樹を育て、穀類稲類は最も多い。肥料は人糞、馬牛羊の糞、石灰、草木灰、動物の腐った肉と骨などである。

場内の建物は五層の牧舎の構造で、頂上は四面の眺望も良くいわゆる物見櫓である。四層は収穫物の貯蔵所。三層は諸器機物品が保管されていて農業に必要な器機を学ぶことができた。二層はまぐさの積置所、一層は牛馬豚の飼養所で、糞尿を貯える所でもあった。また場内には水車場を設け、その水流で器機を動かし、穀類を細粉し、砕骨等により開墾事業を支えているという。

さて集治監建設予定地について湯池に意見を聞くと、「胆振国《いぶりのくに》後志の国境に広さ七八里の地があるが、土肥え樹茂りはなはだしい高低もなく、最も開墾に都合がいいだろう。この地を選定されてはどうか。石狩川上流の須倍都《しべつ》あたりは数里の平坦な沃野《よくや》はあるが、札幌から三十里も離れ運輸の便もないところだ」と後志を推薦する。湯池は永年北海の開拓業務に従事し経験も豊富な人物なので、信じられると潔は思った。

翌日は函館獄舎を巡見する。囚徒の工業はほとんど内地とかわらないが、とりわけ感心したことが二つあった。一つは北地の草木を使って香水やアルコールなどを製造し、二つは摺付木（マッチ）を製造し販売していることである。マッチの原料は札幌地方に繁生するドロノキあるいは垂柳《たれやなぎ》を使うので、材木運搬の費用を要するのみという。潔はその話を聞くと、集治監を建設したとき取り入れようと考える。室内作業であれば寒暖晴雨も厳冬積雪も、体の弱い囚徒も関係なく使役できる最良の工業である。ただ、これから選定する土地に天然生のドロノキがあることを願うのだった。

函館における施設見学は潔にとって、新設する集治監での作業にあたり具体的なイメージづくりの基礎となった。

函館を発って桔梗野村、大川村、藤山村、荀菜《じゅんさい》村と行き、途中うぐいすの囀りを聞きこころをなごませる。その日は森村で泊り、翌朝森港から汽船で室蘭港へ向かうと、郡長らが出迎えていた。北海の地理にくわしい数人に、開墾耕農に適した土地や地形などを尋ねると、口を揃えて「有珠《うす》郡有珠山の麓より後志国後志山下に広い肥饒の原野がある」と、地図を広

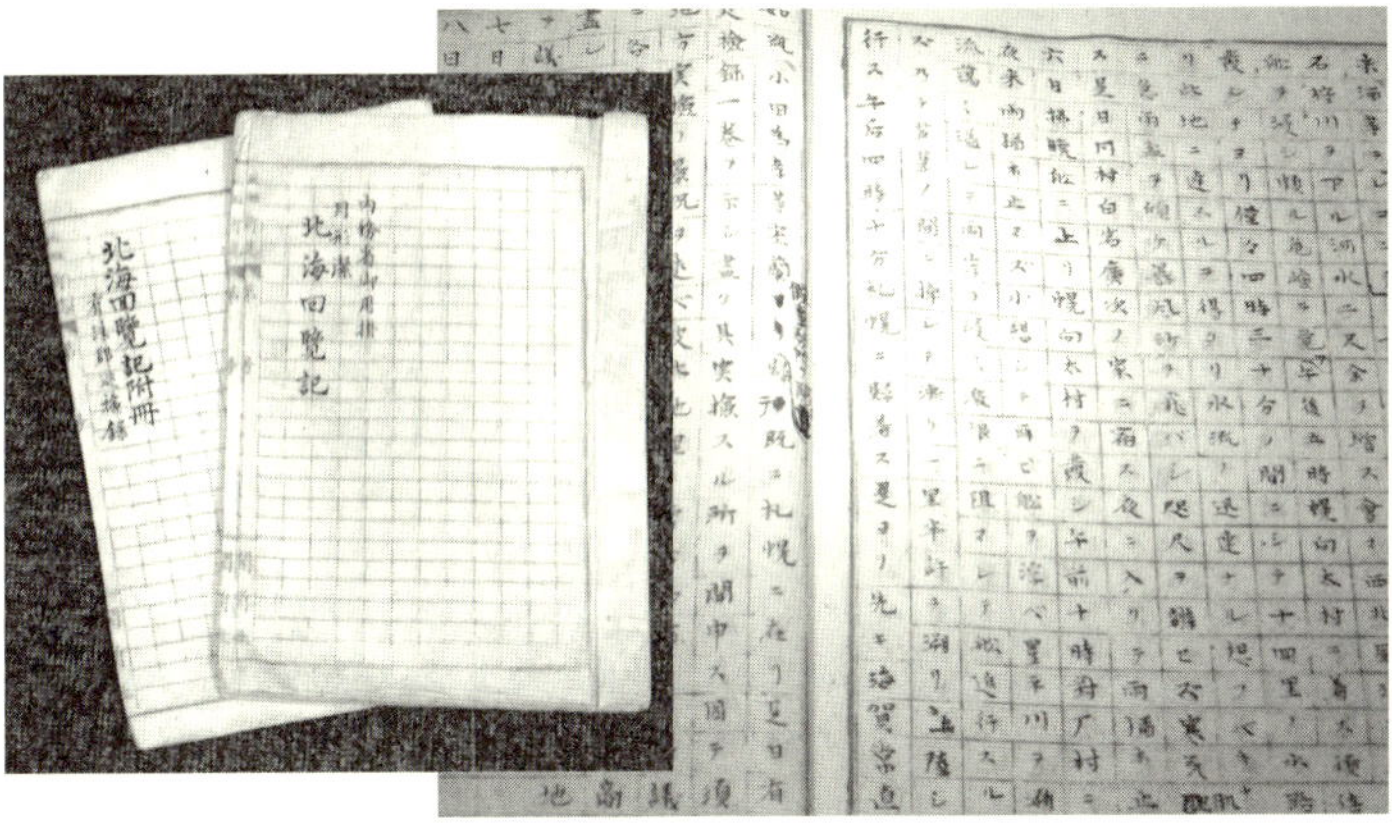

潔の几帳面な文字で綴られた「北海回覧記」（月形樺戸博物館蔵）

げて指し示した。一行は室蘭港船改所を仮事務所にして、二手に分かれて探索することにした。十勝国と有珠郡探索は海賀直常、守口如瓶、小田為孝の三人、残る潔らは札幌へ向った。

二十八日、室蘭を発ち、幌別村、白老《しらおい》村、苫小牧村泊り。「途中海岸に沿ひ平沙《へいさ》（砂浜）乱石の間を歩行す会々怒風猛烈寒気凛烈衆困難を究む宿に投じて各々蘇色在り」。翌日はウイナキ村へ。ここは開拓使の缶詰製造所があり処々に鹿種蕃息《はんそく》（繁殖）所の標識が建つ。千歳村、嶋松村を通り日没後に札幌に着いた。

開拓使本庁にて調所大書記官と鈴木権大書記官に面会し、その説明を聞く。「石狩国石狩郡石狩川上にシベツ（須倍都）なる良地あり土壌肥沃にして耕耘に適し兼て運輸の便あり」と言う。旅館に帰り同地を探索してみようと決まる。

五月一日、調所の道案内で開拓使監獄署と官舎や工作場を見学。開拓使監獄署は既決囚、未決囚、女監の三舎に分けられ収容。工業場は水車によって一尺五寸（約四五センチ）の木材でも瞬時に裁断し、削割も容易という。その隣りには箪笥《たんす》、襖、障子などの製作場、製鉄場では暖炉の煙突や錠、鍵などの器具を鋳造。ほかには生絲製造所や製鋼所もあり、そばに織物の販売所もあった。さらに麦酒（ビール）製造所の氷室に入って醸造方を見学する。

翌日、丸木舟三叟を借りて米、塩、味噌など必要の食品を携え、人夫六人を伴い豊平川を下る。

「両岸万株の楊柳《ようりゅう》（かわやなぎ）青々として影を水流に涵《ひた》し春色掬《きく》すべし岸外原野渺漠《びょうばく》（広くはるか）一望涯なし　想ふに開墾適当の地なるべし」と開墾に適当な地であると太鼓判をおすのだが、ただ欠点は融雪のとき川の水が一メートル近くあふれるということだった。一行は石狩川を遡る。

「石狩川は北海第一の大河にして河形蜿蜒《えんえん》（蛇のごとくうねり）水勢籧箭《きょせん》の如し　両岸原野多く樹木其間に密立す　舟中常に風の樹梢を払ふ声と波の岸堤に激する響とを聞く　又時に禽鳥《とり》の和鳴するあり」

翌日、ビハイノタッフという所では川の流れが激しく、舟が転覆しそうになり皆色を失った。辛うじて須倍都川口に着きただちに上陸。テントを張って寝食の準備をしていると、草屋にいるアイヌが火を焚き飯を炊くのが見えたので、なぜこんな深山に一人でいるのか尋ねると、石狩湾に近い生振《おやふる》村の「レコンテ」という者で、銃猟のためこの地に来ているという。山中の道案内を頼むとこころよく承諾し、お礼に酒を与えるとレコンテは三拝厚謝して去って行った。翌朝、レコンテは鴨一羽を携えて来る。この日は午前五時十分から、須倍都川より南方の山に登る。

「一丘一谷起伏波涛の状をなし其間平地を交ゆ　しかして丘谷全く尽く処に一大平原あり雑篠茂生しその長《た》け六七尺叢戒歩す可ラ」

さらに西方に進むこと二十余町、その間に楢、杣《そま》、桂、梻《しきみ》、ドロノキ、岩楓、椴《とど》などの高い木が乱立している。もともと須倍都は多くのとど松を産し、この木を伐採して監舎造営の材に使えば一挙両得で、容易に開墾の効果があがるのではないかと、潔は頭の中で計算する。その上これらの木材が余れば石狩川を流し下って石狩港や小樽、札幌地方に販売すれば、建築費の幾分かでも補償できるだろう。地形を見ているうちにさまざまな作業や経営の具体策がひらめいてくる。潔の経営能力の高さであろう。

須倍都山に登ると西北に山を負い、東南に大河を抱き、その間に平坦な原野が広がっている。この地に農業を起こせば、「此地を以て北海第一と称するも敢《あえ》て誣妄《ぶもう》の言と謂う可らす」と、人が何と言おうとこの地こそ北海第一の場所になるだろう、と潔は確信を持った。

まず石狩川に小汽船を運行すれば石狩、小樽両港へ運搬も可能である。また当別《とうべつ》村との間は五里（二十キロ）ばかりで、道を拓き橋を架ければ人馬通行の便もひらけ、さらには電信郵便の便を開くならば、「遠からずして庶民輻湊《ふくそう》（ものが一カ所に集まる）の地と為るは予《あらか》じめ期すべきなり　豈《あに》（どうして）この地を措いて他にまた良地あるを知らんや」。まさに須倍都に一目惚れで構想は次から次へと広がり、筆は夢にあふれて走り出さんばかりである。何より囚徒を隔離収容するには背後を樺戸連山がさえぎり、前方には大河が行く手を阻む天然の要塞となる好条件の地形をなしていた。

自分の直感に自信を持った潔は半日で探索を切り上げて、ただちに札幌へ帰る準備を始めた。残った米、酒などはレコンテにお礼として渡す。帰りは幌向太《ほろむいぶと》村まで十四里（五十五キロ）の水路を四時間半で下った。すでに海賀ら三人は室蘭の仮事務所を閉じて札幌にいた。潔は海賀班の巡検の報告を受ける。「後志山付近は平坦な良地だが、罪囚を移す目的地としては人家に接近している。一方の十勝国は道路がなく、海は浅瀬で船舶の便もない」。月形班は須倍都地方の様子を伝える。

その結果、須倍都をもって集治監建設に適良の地であることを決議し、本省へ稟議の手続きに入った。開拓使に用地の区轄を照会すると、支障なしとの了承を得た。測量師を伴い樺戸郡須倍都地方の再検実測にあたる。

十一日に調所に誘われ、開拓使勧農物産園を見学する。園内には甘蔗《かんしょ》、羅蔔《らふく》（大根）、玉葱など和洋各種の苗を植え、一隅に鮭、鱒など養殖する池があり魚卵を孵化する一室もあった。室内の湿度は常に六十度で、冬でも桃桜が咲くという。ほかにも牛豚馬を飼育していた。

十五日、小樽港を見学するため札幌を発つ。郊外に開拓使の養蚕所や綿羊牧場があり、琴《こと》似《に》村には屯田兵の家屋二百戸が建ち皆農業に従事していた。手稲《ていね》村で後志、石狩両国境界の標木を通りすぎ、銭函《ぜにばこ》村の開拓使馬車会所にて小憩する。将来、鉄道が通ればこの官舎を停車場に使うという。

銭函から小樽へ至る三里（十二キロ）ばかりの間は、左は山また山、右は湾また湾、その途中には人家が連なっている。この間に鉄道を敷くには、山を崩し岩を穿ち、「路傍渾《すべ》て懸崖絶壁危険名状す可らず　以て其事業の偉大なりしを知るべし」と驚嘆するばかりだった。その日の潔は、十一月に開通予定の札幌‐小樽間の鉄道敷設工事を目にしたのだ。後年九州鉄道会社設立に関わる深い縁となることを、このとき潔はまだ知らなかった。

小樽港は函館に劣らない良港である。遥かに天塩、石狩両国の山容が蒼々として空の果てに横たわり、その眺めはとりわけ素晴らしかった。須倍都から石狩河口まで海路わずか八里（三十二キロ）で、諸物品を集治監に運んだり製造品を輸出するために小汽船を運航すれば、その便益は巨大になるだろう。また囚徒を各地より護送するために、港に仮拘置所を建設する必要があるが、不用のときは人民に貸し付けて蔵敷料を取れば一挙両得だと、具体的なアイデアが次つぎと尽きないのだった。

二十四日に須倍都地方の地理再検のため、測量師を伴い札幌を出発。石狩川対岸の江別から一里（四キロ）ばかり先で舟を止め上陸する。「四顧樹木の蒼々たるを望むのみ　絶へて人《じん》迹《せき》を見ること無し」。雨上がりでもあり、モヤに包まれた原始林の岸辺には椨、月桂、赤楡《あかだも》、楢、桁《けた》（浮橋）などが乱立するのを見ながら「幽渓を渉《わたり》て進む」。

六月三日、いよいよ帰京復命の決意をする。海賀らを測量のため残し、守口らと馬車を雇い小樽港へ向った。翌朝十時、汽船通済丸に乗り抜錨した。「天気晴清く海上風なく浪なく船平地を行くが如く」。重大任務を無事に終え、しかも最良の適地を定めて帰る潔の、意気軒昂として晴々とした様子が伝わってくる。

回覧記を読むと、地形だけでなく開墾、監内作業に関し、詳細に精力的に学ぼうとしている熱意にあふれている。開拓の先輩や現地の住民、そして同僚の意見にも耳を傾け、具体的にイメージし確認する用意周到さには驚くばかりである。典獄就任は内定していたのだろう。困難に果敢に挑戦する月形潔の資質を見ることができる。

集治監建設へ

二カ月間の調査を終えた潔は、札幌の開拓使本庁に「須倍都太《しべつぶと》に意見が一致した」ことを報告し、建設予定地となる石狩国樺戸郡須倍都の区画の調整を依頼した。シベツは本流、プトは石狩川との合流地点を意味するアイヌ語である。樺戸はカパト、スイレン科の水草である。和名では河骨《こうほね》と呼ばれる薬草で、いまも沼や池に美しい花を咲かせている。

六月三日に帰京するとその足で内務省に行き、伊藤博文に現地調査結果を報告し打ち合わせをすませた。これで建設地は決定し、やっと一歩を踏み出すことができた。全建築予算三十万円、収容予定四一万一千人、集治監の施工は、前年宮城集治監を完成させた実績をもつ大倉組商会に決まる。頭取大倉喜八郎は天保八（一八三七）年越後国新発田《しばた》の生まれで、十八歳で江戸に出て鉄砲商から身を立て、戊辰戦争や西南戦争軍需で大きくなり、のちに大成建設へと発展していく政商である。

潔は休息をとる間もなく、再び北海道へ発つことになった。今度は完成までしばらく戻って来れないだろう。妻イソは二十八歳、四歳の長男の脩《おさむ》を抱えて留守宅を守る心細さを思いやる。ちょうどそのころ、母竹を六年前に亡くし、福岡の変の戦火で家を焼かれ転々としていた父が上京してきた。父との再会もそこそこに八月七日、潔は北海道へ旅立った。

明治十四年作成の日本地図を見ると、北海道内陸部は樺戸連山の麓を流れる石狩川だけが描かれており、日本一の大川と記してある。石狩川は北海道の屋根大雪山を源に、三六五キロ延々と蛇行し、いくつもの支流を集めて石狩湾に注いでいた。樺戸連山と石狩川の間に位置する樺戸郡は、鬱蒼とした原始林に覆われて陽光はさえぎられ、いつも靄につつまれるという湿地帯である。一年の半分は雪に閉ざされ、雪解けの春ともなると洪水となって川は氾濫し、沿岸の樹木をなぎ倒しながら流れは自在に変化する。川底には流木が滞積して、丸木舟さえ通航困難となるほどの暴れ川だった。明治の初め雨竜《うりゅう》・樺戸両郡は長州藩の分領地だったが、樺戸は手付かずのままで、「水路遠隔運便の道もなく」（増毛町史編纂委員会編『増毛町史』増毛町、一九七四年）と交通の開発が急務であると長州藩の報告書にも記されている所である。

札幌に着いた潔はさっそく、大倉組と工事の打合せを始める。ところが西南の役後の不換紙幣の乱発で貨幣価値が下落し、未曾有の不況の嵐が吹き荒れて財政難に陥った政府は、その年の十一月五日地方税増税を布告。そのなかに、「地方税を増加し、これまで国庫から補助していた道路堤防費と監獄費の支出二百二十万円を停止し、その分を地方税で埋めさせる」という一項が明記された。その影響で当初予定収容囚数一万一千人が千五百人と大幅に縮小され、全建築予算も二十三万円から十七万円になり、さらに十万円と圧縮されてしまったのだ。予算の減額に伴って計画は度々変更しなければならない。その都度、予算の配分、獄舎の規模などの指示と検分など、月形潔の双肩にかかっていた。加えて工事に必要な大工・木挽・とび職・人足など人口の少ない北海道だけでは人集めも困難で、東京・神戸から募集しなければならなかった。

監舎用地は獄舎・工場など多数の建造物があるため、気候風雪などの関係も綿密な調査が必要だった。その調査のとき、上川《かみかわ》の先住民が、「この川は五年に一回くらいはかならず洪水がある」と言う。その程度を聞くと、「この位まで浸水する」と一本の立木の変色したところを指した。それは地上四五尺（約一五〇センチ）もあろうか、過去の出水の跡だという。

九月二十五日から海賀直常ら数人と樺戸周辺の巡回にでかける。獄舎地が決まればつぎは道路と川運である。石狩港まで丸木舟で石狩川を下り、物品陸上げ場建設の地所を巡検する。翌日、陸上げ場となる地所を選定し、午後は馬で当別村へ行く。夜に伊達邦直《くになお》、吾妻謙《あがつまけん》らから、同村開墾の順序、収穫の如何などの話を聞いた。

当別村は伊達の支藩岩出山藩主伊達邦直と家老吾妻謙主従の四十三戸一六一人が、空知・厚田を転々としたのち、四年七月定住。その後、三回にわたり移住者を受け入れ、密林のなかに耕地を開いたという血涙の染み込んだ村である（十四年には北海道の開拓模範村に選ばれる）。

二十七日は吾妻謙らの案内で対雁新道及び須倍都路線など馬上にて巡回し、帰路伊達邦直宅で談話をする。そのとき参考のために、当村三カ年の収獲表を受け取り、一人あたりの開墾力を問うてみた。至極強壮の者で、根株等はそのままに置いて、一日九十坪。通常の者は六十坪。虚弱の者でも四十坪であるという。翌日、当別より須倍都へ通ずる山坂道を巡検しながら帰路についた。

秋を過ぎると、いきなり北国の気候変化の厳しさに直面する。十月に降り始めた雪がまもなく根雪に変わり、山も林も川も一面白銀の世界に変わってしまった。戸外に出ると吐く息さえ瞬時に凍り、呼吸のたびに鼻腔がざらついてくる。寒さがキリキリと体を締め付ける。北風が不気味に樹々を鳴らし、雪けむりを上げながら吹き荒れる。酒も凍ったと海賀直常が笑う。温暖な福岡生まれの潔にとって、背丈以上の積雪も氷点下二十度を超す寒さも、一日一日が初めて体験する厳寒の世界だった。丸太小屋のなかで風の唸りを聞きながら、これから始まる日々を思った。北海道を探索するなかで悟ったことは、学問知識だけでは前へ進めず、開拓者の体験に耳を傾け、北の大地を熟知し自然と共存してきた先住民の知恵を学べということだった。周辺を探索するにもアイヌの案内がなければ一歩も進めないのだ。それほど北海道は原始のまま巨大で荒々しく、そしてどこよりも豊穣だった。立ちはだかる未開の大地を前に、三十五歳の熱い闘志がふつふつと燃え広がっていく。

大倉組は十一月を待って工事を開始した。

「雪の北海道では、施行のタイミングがむずかしい。大倉組はただちに伐採に着手し、雪を利用して原木を搬出した。資材は凍結した石狩川の氷上を利用して搬入した。雪どけが始まれば、あたり一面、泥土と化すはずである」(『北海道と共に百年』大成建設株式会社札幌支店、一九八〇年)。庁舎・獄舎の建築は春をまって一斉に開始の予定である。

十二月三十日は大雪のなかを海賀ら一行は対雁へ向い、翌日幌向太村へ着いた。

明けて元旦、石狩川に出る。川幅七十間余(約一三〇メートル)の大河は一面氷となっていた。海賀はもしこの氷が堅牢ならば通行に頗る便利と思い、氷を踏んで試してみると板のように氷結している。各自杖を持ち一丁ばかり行く。氷の上は雪も二三寸ばかりで実に平地を行くのと同じで何の苦心もない。杖は、水中に落ちたときに体を支えるためである。陸地を行くより百分の一も疲れなかった。人夫の一人が誤って水中へ落入ったが、ただちに上がることができた。海賀も右足を踏み込んだがすぐに起き上がった。氷の上を来たので、昨年の二日の道程が、僅か五時間で着いたという。「僥倖と云ふへし」。

翌二日、昨夜の降雪で氷の上に積もる雪は、深いところで四、五〇センチにもなり、低いところを行く。川上に行くほど急流になり、氷も薄く危険である。海賀も胸まで落ちたという。陸行して須倍都へ着いたのは午後四時。仮事務所に七五三を飾り国旗を揚げ仕事始めを終えて酒宴を設けた（重松一義編『典獄月形潔とその遺稿』福岡矯正管区文化部、一九七七年）。

海賀らはこの体験によって氷上交通の利便を実感するのだった。

十四年は春になっても冷気がひどく、気候転変の目まぐるしさは普通ではない。運賃を負担して東京・神戸からやっと連れて来た人夫も一月と我慢できず辞めていき、いつも人手不足で建築工事は困難をきわめていた。

「本監建築に関する大工左官木挽土方等の職工其他雑業出稼のもののみ、故に官吏の外家眷（家族）を携へて来り住むもの絶てあることなく、其宿するに家なく憩ふに所なく、森林密封の間に起臥し熊狼の巣窟と隣するの現況」（「北海道開拓意見書　月形潔」北海道立文書館蔵）で名状しがたいほどの厳しさであると潔は書いている。住む家どころか休む所もなく、熊狼が跋扈する密林のなかで作業も寝起きもする。そのうえ冬季の尋常でない寒さでは、せっかく連れてきた人夫も逃げ出すのは当然である。まだ純然たる移住民はいなかった。

海賀はある計画を思いついた。

「獄舎建築の前だが、囚徒四五十人を押送して、工事人として使役しながら、気候風土等を試してはどうだろう」（海賀直常『月形村沿革誌』私家版、一九一四年）と潔に相談をもちかけた。

そうなれば工事の手助けだけでなく収監後の外役の参考にもなるだろう。海賀の計画に潔は同意した。海賀はさっそく上京し、内務省に交渉して承諾を得る。小菅集治監の上下の赤衣を着た終身懲役囚四十人と看守二人、押丁《おうてい》（看守の部下）二人を伴い、東京から汽船に乗った。

一団が小樽港に着いたのは五月十八日。近世まで小さな漁村にすぎなかった小樽は、十三年十一月二十一日開通した函館本線の起点になって以来、道内の交通の要衝として急速に発展した町である。海賀は空倉庫でも借りて泊るつもりで、一人十五銭の予算をみていたが、赤い獄衣を着た囚徒を初めて見た人々は恐れて、宿屋どころか倉庫さえも断られた。窮した海賀は囚徒を一軒の妓楼の客とさせたのだ。看守らは東京に知れたら大変と止めるが、「海賀一人の責任で諸君には累を及ぼさない」と説得し、緊張の一夜を過ごしたという。

「彼四十名は赤衣を着し、股引姿にて座布団の上に座し、五寸位の高膳に向い飯盛りは凡て遊女なりき、その奇観実に言語に堪へたり」（『月形村沿革誌』）

翌日、手宮（小樽）停車場から汽車に乗る。前年に札幌まで開通した国内で三番目、北海道で最初の鉄道である。一日一往復で、札幌まで三時間を要するという。ところがその日は大雨で朝里の鉄橋が落ちたとかで、泊りとなった。翌日開通はしたものの、今度は汽車の故障で一泊し、翌二十一日ようやく札幌に着いた。囚徒らを札幌監獄に預け、舟の準備にとりかかる。翌日鉄道吏員が来て、小樽で大火があり停車場その他を焼失したので、小樽まで来て荷物の確認をしてくれという。二十一日の大火事は小樽十一カ村を焼き尽くし、遊郭三十三軒も丸焼けになったという。三日前に囚徒を泊めた遊郭も焼けてしまったのだ。幸い停車場に預けていた荷物は無事だった。

札幌から途中二泊して須倍都に着くと、囚徒を仮収容する。その夜、一人の囚徒が逃亡した。付近の山林を二日間追跡し、三日目の朝、渡船場の五、六百メートル先で火煙を発見して捕縛された。囚徒が言うには、二日間何も食わずに走り回り、二里以上は遠ざかったろうから、もう大丈夫と思い火を焚いたという。深い原始林ほど方向感覚を奪われ、そのうえ沼沢や丘の多い地形は距離感を撹乱される。その恐ろしさを実感した事件だった。

余談だが、「典獄官舎が出来なかったとき、月形典獄は獄囚と一緒の部屋で雑魚寝したばかりか、東京出張のときはいつもお土産を買ってくるなど、囚人から父の様に親しまれていた」(寺本界雄『樺戸監獄史話』樺戸郡月形町、二〇〇三年)というエピソードが残るが、囚徒が須倍都に着いたのは五月末で、官舎の完成は八月である。潔が囚徒とざこ寝をしたとすれば、この間の二カ月と考えられる。

開村そして樺戸集治監開庁

明治十四年六月六日、潔は内務省権少書記官を拝命する。八月、すべての建築が完成した。集治監の面積は八万九千平方キロ。

「獄舎は土台をコンクリートで固め、外壁はトド松の一尺丸太をそのまま積み重ねた、いわゆる丸太組み獄舎で内側には八分板が張りめぐらされていた。塀は板厚五寸、高さ一丈二尺、塀外の四隅には高見張り（望楼）が設けられていた。総建坪七、三八六坪、その他官舎が九十四戸の堂々たる集治監で、全国一の規模と堅牢さを誇った」（熊谷正吉「続日本刑事政策史上の人々4　月形潔」〈「罪と罰」第三十一巻四号、日本刑事政策研究会、一九九四年〉）

九月三日、内務卿代理石井邦猷監獄局長を迎え、開拓使管下石狩国樺戸郡に内務省直轄の既決監「樺戸集治監」は、ここに開庁した。集治監に入るべき囚徒は、「刑期終身の者及び国事犯及び刑期五年以上の者」（太政官布告第十七号）で、いわゆる重罪犯である。初代典獄月形潔、副典獄桜木保人、看守長高野譲、警守課長兼興業課長海賀直常らを任命しスタートした。高野譲は嘉永四年生まれ。長州閥の儒官で、大東亜戦争で連合艦隊司令長官を勤めた山本五十六元帥の長兄である。

さて村名が決まったのは集治監開庁より少し早い六月である。

天第五十号
達甲第百八号
当庁管下石狩国樺戸郡シヘツ
川口江左之通村名相設候条此旨
　布達候事

開拓大書記官・調所広丈名の布達によって、明治十四年六月「月形村《つきかた》」と定められた。もちろん初代典獄月形潔の姓を戴いたもので、海賀らと村民が話し合って上申したものだという。関係者のこの村名に寄せる期待を知った潔は、

「月形死しても、月形死せず」

と、ことばを噛みしめ、感無量の面持ちだったと伝えられている。

開村といっても一般の移住民はまだ皆無で、集治監関係者とその家族であり、大工・左官・木挽・土方など仕事をするために仮屋を建てて、寝泊りしている者ばかりである。そのうち彼らを目当てに衣料や食料品店や飲食店などの商店が建ち、そして遊郭街もできて華やかな雰囲気が漂って来た。さらに集治監が開庁すると官員や役人がその家族と移り住み、急速に原始林のなかに街が形成されていく。初代戸長に熊田直之が任命され、シベツ川畔に村役場も開設された。わずか一年前には未開の原野だった須倍都に、こつ然と出現した行政機

開庁当時の樺戸集治監本庁舎
（月形樺戸博物館蔵）

関の建物は、それ以来北海道の開拓と近代化の拠点となり象徴となっていった。
　その総責任を担ったのは、典獄月形潔である。囚徒の懲治遷善だけでなく、都市計画の役割をも担うことになった。国家のためにご奉公できる喜びと任務の重圧に立ち尽くす潔を、広大な北の大地に沈む夕陽が祝福するかのように、茜色にやさしく包んでいた。

海賀直常

　月形典獄のよき理解者であり強力な片腕となる海賀直常は、弘化元（一八四四）年二月十日生まれで、福岡藩の支藩秋月藩士である。父藤蔵は揚心《ようしん》流の柔術師範で、やもりのように天井を這いまわり、高所から落ちても猫のようにしなやかだったと伝えられる。兄の宮門《くもん》は尊王派で、潔の大伯父深蔵から思想的影響を受けた一人である。宮門は嘉永四（一八五一）年十八歳のとき久留米（福岡県）に遊学し、真木和泉守（水天宮神主、禁門の変で幕軍と戦い自刃）ら勤王派と交わり、のちに諸国を遊歴し大久保利通や西郷隆盛ら薩摩藩士と交流。帰藩後、尊王活動を展開する。文久元（一八六一）年春、流罪先から脱藩して大坂へ行き、伏見寺田屋で薩摩藩に捕らえられた。薩摩へ海路護送される途中の日向細島で処刑された。二十九歳。そのとき直常は十九歳である。

第一回代言人（弁護士）試験に合格した海賀は、明治八年から十年まで東京の北洲社に籍を置いて、地租の軽減などの農民訴訟に取り組んでいたという。

明治十三年四月内務省監獄局に入り、北海道調査団の一員に選ばれる。兄宮門に似た反骨精神は健在で権力に屈せず、最後まで四歳下の月形典獄を補佐していくことになる。

置村したばかりの月形村の未来をみつめ、住民がまだいない頃から区画割りをして、月澄町、曙町、霞町、夕栄町、桜木町、八重垣町など、美しい町名をつけたのも海賀である。樺戸博物館名誉館長の熊谷正吉氏は、「月に関係した町名も多く、月形典獄のことを考えながら、ゆかりのある名前を残したいと思ったのではないでしょうか」と思いやる。

「海賀は看守長としてだけでなく、在職中自ら農地を拓き、一〇ヘクタールの土地を借りうけ、作業能率、作業科程（過）、利益率などを正確に記帳、この私設農事試験場をもとに知来乙《ちらいおつ》農場・須部（倍）都農場を拓き、農業監獄としての基礎を礎くため」（重松一義『北海道行刑史』図譜出版、一九七〇年）と、終生月形村の発展に精魂を傾けた。

自給自足の実践

集治監運営は基本的に自給自足である。食料はもちろん生活用品、事務用品、農業に必要な機具一切も自給自足が原則である。農具を作る鍛冶工、火鉢・桶・箱等の木工、本監官舎修理用の柾板工、ほかに味噌醤油工、炭焼き工、靴・裁縫・経師《きょうじ》・わら工・和紙工などなど、特殊なものを除いて全てを製作しなければならない。監内にはさまざまな作業場が設けられ、試行錯誤の取り組みが始まった。

月形典獄の基本的な方針は、集治監をたんに検束拘禁の場とだけ考えずに、北海道開拓の先兵として農業開発に従事させ、出獄者には土地を払い下げて定着させること。また、一般人民にも貸して人口増殖を諮ることであり、集治監だけではなく月形村の発展ひいては北海道の繁栄をめざしていた。それは、安政四（一八五七）年福岡藩主黒田長溥が刑法を改正して、牢に閉じ込めて服罪させるだけの囚徒を、塩田の開墾や池の堤防補修など作業につかせて、受刑囚の教化に取り組んでいたことが大きい。どんな凶悪な犯罪人も、厳格な秩序をもって指導すれば、達成感と希望が生まれ更正にもつながることを、潔は間近に見聞きしていたのだ。

開庁前に石狩川畔に一町歩ほどの土地を開墾して、えんどうや牛蒡や弘茄子などの野菜を

明治15年頃の月形村の様子（月形樺戸博物館蔵）

数種類植えて、試作してみた。鳩や雀、害虫も発生したが、それでも予想外の収穫を得た。その試作によって潔は、この地が農業に適していることを確信できた。

九月三日の開庁と同時に三百人の囚徒が移送されてきた。合わせて三四〇人（一人死亡）、そのなかから屈強な囚徒三、四十人を選び、役割分担をして須倍都川寄りの林地の開墾にとりかかった。といってもチェンソーなどの機械はなく、木の切り株がのこるとまさかり斧で砕いたりする力のいる作業である。クワや斧を振る囚徒の体に光る汗が陽に輝き、逃亡を防ぐための赤い獄衣が青空にくっきりと映えていた。来年は雪解けと同時にさらに開墾地を広げ、種をまき、収穫も期待できそうである。十九日間かけて一万八六四〇余坪（六町二反二畝余）の田畑ができた。「耕地壱反歩に付伐木拾人除草五人荒起六人細砕二人合計弐拾三人を要し、一人一日の耕地は拾三坪余り」（「北海道開拓意見書　月形潔」）。潔は樺戸集治監が農業監獄として、一歩踏み出したことを実感していた。

いつか刑期を終えた囚徒の腰の連鎖が外れ、赤い衣を脱ぎ、貸与された農地で定住更正する姿が目に浮かぶようであった。

石狩川の流れは豪快であるが、豊富な恵みをもたらした。初めて目にする鮭の遡上も、水面が見えないほどの大群で生命力にあふれ圧倒される。それをいただいて塩漬けにして冬を過ごすのだ。ふるさとの遠賀川も産卵期に遡上する鮭の南限といわれ、食するよりも神の使いとして上流の「鮭神社」（現嘉麻市）に奉納されていたことを思い出していた。

短い秋がすぎ、粉雪まじりの風が木々の葉を叩きはじめると長い冬。一晩に二メートル以上の雪が降りつもり、建物も山も雪に覆われてしまった。十月から翌年一月まで積雪のため農事は休みである。一月下旬になると川面がビシビシと悲鳴をあげながら氷結する。氷の上を歩けるようになると、山林の伐採作業がはじまった。見渡すかぎり白一色の世界は方向・高低の感覚を奪われて、囚徒も脱獄の気力が萎えるのかほとんど逃亡は発生しなくなる。そのかわり春になると、看守は一瞬たりとも緊張をとくことができなかった。

十五年に開墾した五十余町の地を「須倍都農場」とし、囚徒の休憩用に仮小屋を置いた。さらに開墾した三十余町は「知来乙農場」と名づける。囚徒数も昨年末に百六十人、四月に五百人と送り込まれて、千人近くに膨れあがっていた。囚徒を農事に服役させて、国家の富源を開き、かつ囚徒にとっても刑期を終えて生業につける土地もできる。潔は「定住授産策三カ年計画」を立案し伺書を提出した。

「農業は人世最も正実の事業にして、仮に大旱洪水にあって数粒の収獲がなかったとしても、その土地を失っていなければ必ず数年にして、その損失を償うだろう」

そのためには当初若干の資金は投入しなければならないが、数年もかからず囚徒の衣食糧の大半を賄うことができるだろう。

農事が盛大になれば、麻や麦粉を製し、養蚕など事業を起こすこともできる。味噌しょう油醸造は本監関係者の需要が目的であるが、余分があれば販売もする見込みと収益の増加も視野に入れ、収支計算書も添付した。

養蚕については『樺戸監獄史話』に、潔の妻イソが率先して始め広げたとある。イソは札《さっ》比内《ぴない》方面に野生の桑の木が繁茂して養蚕に役立つことを知り、十六年に蚕の飼育を始め、一般職員の家庭にも勧めたとある。水害冷害の多い農村の副業として大変歓迎されたという。各家庭で蚕を飼育して繭から生糸をとり、集治監で機を織り着物など作っていた。現在、集治監で織ったという羽織が博物館に展示されている。内地の繭に比べて艶が劣っていたというが、北辺の地で夫に協力する気丈な若妻の姿がかいま見えるエピソードである。

さて潔の計画どおり、畑には小豆、馬鈴薯、玉葱、大根、麻、キャベツなどの野菜類のほか、囚徒の飯米に加える粟、味噌しょう油をつくる小麦や大豆など年ごとに収獲量はふえていった。開庁時まで皆無だった雀やカラスが増殖して、害を及ぼすまでになったという。

明治十六年五月にイナゴの大群に襲われる。天空をまっくろにして襲来したイナゴは、またたくまに作物を食い尽くした。十勝地方では作物だけでなく縄やムシロ、衣服まで食い荒らしたというが、知来乙農場も被害は大きかったが、それでも収獲は残った。十七年には全耕地面積も三七〇町歩に達し、農事も監内で使い切れないほど進歩していた。農業開拓こそ国の富みを増やす要だとだれもが信じていた。

潔には夢があった。それは米を作ることだった。生まれ育った福岡の遠賀平野に広がる稲穂の風景が、石狩平野に重なっていた。初夏に田植えがはじまり、夏には水を張った田圃に早苗のそよぎを映し、秋はたわわに実った稲穂が平野一面を黄金に染めることだろう。幕末の苦しい時期を農家の人たちにたすけてもらった。人間は米があれば生きていける。その土台を北の大地に作りたかった。

十七年に須倍都川の上流で少しばかり水稲の試作をやってみたが、秋になっても結実せず失敗におわった。飯米は内地から下等米を安く買い入れていたが、日数と輸送費がかさみ、そのうえ天候や舟運に左右されて無傷で到着する保障がなかった。つねに年間予算を超え、頭を悩ませていたのだ。

潔が集治監を去ったあと、海賀らによって数回試みられたが、収獲できたのは十年後の二十九年である。しかしそのころは集治監の獄政方針がかわり、農業地は民間に払い下げられたあとだった。

空知集治監建設

明治十五年二月、北海道は開拓使から三県一局時代へと変わる。道内を三県に分け、函館県令時任為基、札幌県令調所広丈、根室県令湯地定基と依然としてすべて薩閥で占められていた。

樺戸集治監が開庁された翌十五年七月五日、およそ二十キロ東方の、空知郡岩見沢に北海道二番目の集治監である空知《そらち》集治監が開庁した。村名は市来知《いちきしり》村と決まる。初代典獄は内務省権少書記官渡辺惟精《これあき》である。弘化二年生まれで二歳年長だが、潔とは佐賀の乱や西南の役で顔を合わせ見知った間柄でもあった。

渡辺惟精は十四年七月、集治監建設候補地の根室国と釧路国、石狩国の探索に出張した。その途次、「八月一日雁木村から丸木舟で幌向太に向い、馬で樺戸集治監建設現場の仮小屋に月形典獄を訪ね」（榎本守恵『北海道精神風土記』みやま書房、一九六七年）、話を聞いている。さらに翌年、空知集治監建設工事が始まった三月末から四月にかけて、「月形村へでかけた渡辺惟精は、撃剣場・病監・炭焼きがまなどを視察」（前同）している。

当初樺戸につぐ二番目の集治監は、中国・九州地区に建設予定だったが、急きょ北海道に決まる。これは空知集治監の建設目的が幌内炭鉱ありきで、石炭発掘のための労働力確保にあったためである。

幌内で石炭が発見されたのは明治元年だが、開拓使榎本武揚《えのもとたけあき》らが調査をはじめ、六年にアメリカの地質学者ライマンによって幌内炭田が発見された。九年に参議伊藤博文、山県有朋らが訪れ、十一年に開拓使長官黒田清隆は幌内炭田の開発を政府に上申する。翌十三年に幌内大坑道開さくを開始。その間、さらに幾春別《いくしゅんべつ》、奔別《ぽんべつ》と次つぎと炭田が発見されていった。

渡辺惟精の探査報告書には当時の岩見沢について、「人煙絶無の地にして森林鬱蒼荊棘《けいきょく》繁茂し、実に熊狼の巣くつなり」と、前年の須倍都と変わらない内陸部の様子が記されている。

七月に空知集治監が開庁すると、さっそく九月には幌内炭山に外役所を設け、石炭採掘作業に囚徒を出役させることになった。空知集治監には自由民権運動で逮捕された国事犯が多く収監されていた。政府は明治八年に讒謗律《ざんぼうりつ》新聞紙条例を制定して言論の自由を制限し、十三年には集会条例が制定されて逮捕者が増大したのだ。死刑をまぬがれた人たちは樺戸に十七人、その他の逮捕者のほとんどは空知に送られ三十二人を数えていた。

法務省矯正研究所教官の重松一義氏は、「空知には自由民権運動により投獄された加波山事件、秩父事件、名古屋事件、静岡事件等の学識高い大物囚がおり、その人格識見による感化は、他囚への大きな精神的支えへともなっていた」（『三池集治監小史』大牟田囚人墓地保存会、二〇〇一年）と分析しているが、その反面、監吏にとっては扱いにくい面もあったのではと推測する。

渡辺は囚徒の待遇改善について樺戸集治監の潔と話し合い、共同で意見書を上申するなど積極的に取り組んでいた。潔の話から養蚕を学び、官舎の奥さんたちに勧めている。潔にとっても労苦を分かち合える心づよい味方だった。

十一月十三日、鉄道は幌内—岩見沢間十三・六キロメートルが開通し、すでに開通していた札幌と連結して石炭を小樽港へ効率よく搬出できるようになった。二十一年には幾春別まで延長され、石炭輸送を主にした北海道の鉄道は急ピッチで敷設されていく。石炭、囚徒、鉄道は一体となって、日本経済を発展させていった。それに比例して坑内で働く囚徒は、危険な上に長時間労働と寒さと不衛生な飲み水とで、多くの命が地底の闇に消えていった。

石炭といえばちょうどこの頃、明治十五年、福岡県筑豊で、炭鉱主たちと新政府の争いが起きていた。明治二年に鉱山解放令が発布されて自由採掘が許されると、小規模の小ヤマが次々と乱立して収拾がつかなくなったのだ。そこで政府は筑豊の鉱区を統合して、中央資本に開発させようと画策していた。その中央資本とは大阪の政商藤田伝三郎である。藤田組贋札事件を巧みにくぐり抜け、真犯人として熊坂長庵が逮捕されたその年である。筑豊の炭鉱主たちは結束して立ち上がり、中心となった許斐鷹助（多賀神社神官）は、「地方の資源を政商に独占させるとはけしからん」（朝日新聞社西部本社編『石炭史話』改訂版、兼光社、一九八〇年）と大論争となり、政府の方針を変更させるという闘争が起こっていた。

二十二年二月に我が国初の大日本帝国憲法が発布され、翌年七月に第一回衆議院選挙が行われた。さっそく国会の中で官営監獄における囚徒出役が議論となり、廃止すべきとの意見が出はじめる。ところが政府は、その年の十二月に幌内炭坑を「北海道炭礦鉄道会社（北炭）」に譲渡し民営としたが、囚徒による採鉱はそのまま引き継がれていた。北炭は死傷者が出て出役数が減ると、「囚徒拝借増加の義請書」を提出し、二十三年には千人を超えた。あまりのひどさに、看守の中からも出役廃止の声が出るようになった。

「想像を絶するほどの過酷な労働で命を落とされた方や大けが負った方も多く、就役していた囚人の二〇パーセントから三〇パーセントは常に病監に収容されていました」（「広報みかさ」開庁一三〇年号、三笠市総務課、二〇一一年）

二十六年夏、若い刑法学者で監獄学の権威である岡田朝太郎東京帝大教授が、幌内炭坑を視察したが、その報告書には、

「当時の廃疾者の総計二〇六人、あるいは一手なき者あるいは一足なき者、空知の分監内に徘徊し、五〇以上の盲目者一所に整座し、軽役として綿の塵埃を択分けつつあるを見、ほとんど言うことを知らざりき。島地にあるの囚徒もとより無頼の輩多し、しかれども薄暮手を失いし者教導となり、盲者背後より前者の帯にすがりて連々その五〇以上の盲囚監房に帰るの状を見るもの、誰がよく酸鼻の情に堪えんや」（「鎮魂」大牟田囚人墓地保存会、二〇〇五年）

とそのむごたらしい様を訴えた。その報告書が力となって囚徒の出役が廃止されたのは二十

七年十二月である。

現在三笠市の史跡公園に千人塚が建立され、九六五人の囚徒の霊を慰めている。市内には典獄官舎のレンガの高い煙突が唯一、集治監の在りし日を偲ばせる。三笠市とは市来知、幌内、幾春別の三町が合併のとき、奈良県の囚徒たちはふるさとの三笠山に似ていると付けた市名だという。あちこちの山すそには廃墟となった炭坑の建物と錆びついた立やぐらが、ひっそりと風雪にさらされていた。

寒さは囚徒も同じ

みじかい夏は駆け抜けるように過ぎ去り、山を色鮮やかに染めていた木々は散り急いで落葉してしまった。鉛色の重たい雲が裸木を覆い、小雪混じりの北風が吼えながら吹きぬけるころは、寒さが痛いほど体を締め付けてくる。一晩で二、三メートルも雪に埋もれ、川面が音を立てて氷結していくのがわかる。十月下旬には山も川も集治監も、雪のなかに沈んでしまった。

潔は樺戸集治監の開庁以降、内地と北海道の違いで生じる、予想もしなかったきびしい現実に日々直面していた。衛生状態はすこぶる悪く、とくに飲み水は劣悪だった。水道管を引くまでは井戸を掘って飲み水にしたが、水量が乏しく水質も悪い。そして何より厳しいのは北海道の寒さである。十一月から四月までの百八十日のうち八十日は暴風雨雪と言われるが、囚徒の防寒対策はあまりにも粗末だった。火の気もない獄舎で薄着の囚徒は、筵を敷いただけの板床に毛布一枚で、ひざを抱いて寒さに耐えている。手足は凍傷アカギレで皮膚が破れ、血膿を流して苦しんでいた。たとえ罪を犯した罪人であっても生身の人間である。きびしい寒さは何人であっても同じだだと、潔はその姿を見るたびに胸を痛めていた。囚徒の死因は寒さによる心臓麻痺がほとんどで、開設後一年間で囚徒八三七人中一一九名の死者を出し、これ以上見過ごすことはできなかった。

明治十五年一月二十五日付で防寒用の増品を上申する。囚徒が疾病にかかり治療を乞うものがいても、病監とは名ばかりで防寒の用意もない。患者は床の上で寒さにこごえ、治るどころか死期を早めるだけである。

「当監地方は内地の天候と異り、年々十一月より積雪し北風凛烈、翌年五月に至るも融解せず、内役の坐作といえども寒威に堪え難く、ことに山野の外役は成規の給与品のみでは手足等氷雪のため腐爛し、そのため充分に就業できないだけでなく健康を害している。そこで給与されたもの以外に跣履《つまご》など時季適用の物品を臨時に給与してほしい」（山田祐悟「北海道集治監史」〈網走監獄保存財団編『北海道集治監論考』弘文堂、一九九七年〉）と切実な現地の声も中央には届かず、監獄局長石井邦猷は、「足袋をはかせるなど、温情主義は排すべき」と一顧だもせず却下した。

次いでまた、冬期の迫り来る九月二十七日付、潔は空知集治監典獄渡辺惟精と連名で、内務卿山田顕義宛に、「烈寒之地方にして特別に囚人寒防品給与」（前同）の至急裁可を仰いでいる。せめて外役のときだけでも足袋と手袋の着用を申請するが、やっと認められたのは綿入れの獄衣と股引きだけであった。潔の苦悩を見かね、「晋職として黙止するに忍びず」と、十月十五日付で内務卿宛に建言したのは、集治監の医師立花晋である。

「浴雨櫛風積雪酷寒を冒し裸足氷雪を踏して外役に徒就し官給の被服湿潤し身体為に氷結せんとするも之に換ふるに衣なく、或夜間褥衣一葉以て零点以下の酷寒をしのぐ」と医師の立場から囚徒の実情を訴える。裸足で氷雪を踏み、外役で雪に濡れて帰っても着換える衣がなく、夜は零度以下をねまき一枚でしのいでいる。早急に飲料水の改良と冬期の衣服と寝具を増給し、防寒策をほどこさなければ囚徒の健康を保全することは難しいだろう。現場にいるものの悲鳴が聞こえるような建言である。

足袋手袋が外役囚徒のみに許されたのは、なんと八年後の二十三年七月だった。成田智志氏は著書『監獄ベースボール』（亜瑠西社）のなかで、「囚人への防寒具支給を実現させたことは、『開拓典獄』月形潔の偉

囚人の足につけられた鉄球
（月形樺戸博物館蔵）

大な功績の一つになる」と記している。

要望するどの一つをとっても、解決するには金が必要だった。それも一刻を争うことばかりで、支給された予算をはるかに超えることも多かった。十五年九月三十日付の内務卿宛の「十四年度経費金増額之伺」では、一万五六四一円九三銭六厘の不足額が生じた事由を挙げている。

一、吏員が北海の風土気候に慣熟していないため、物品調度等の不具合。
一、水陸運搬の不便のため困難多く、出費がかさんでいる。
一、積雪の被害多し。
一、囚徒の罹病続出。北海の気候衛生上の不十分で、類似コレラ発生し仮避病院を設けて病囚を移す。薬剤ほか臨時の出費多からず。

厳しい北海道の気候、交通の不便、そして積雪の被害など、体験した者にしかわからない僻地の苦労だが、東京の机上からは見えない。いや見ようともしない。それも寒い季節ばかりではない。猛暑がつづいてマラリアが発生したり、蚊や蚋《ぶゆ》に襲われ官員や囚徒を苦しめた。海賀は、「夏季に至り糠蚊《ぬかか》と称する細微にして目に遮らざる一種の蚊は昼夜を弁せず襲ひ来り毛髪中にのみ喰入り大いに膨張して不快云ふ可らず」(『月形村沿革誌』)。また波止場の目標に燈明台を設けると「午後九時頃に至るや此の糠蚊充満して燈火は冥滅せり」とその脅威を記録している。

看守

囚徒の作業は集治監付近の原始林の開拓からはじまった。冬は伐木や室内作業、夏は開墾と農作業である。外役では足の鎖をはずし、囚徒二人は連鎖でつながれて作業をする。赤い獄衣は明治五年の「監獄則」で、「獄衣は柿色の短衣つつ袖股引を用う」と赭色《しゃしょく》または柿色と定め、辱めを与えると共に逃亡したとき発見しやすいためである。囚徒十五人にサーベルを持った看守一人と押丁十人がついた。サーベルの中身はほとんど日本刀である。明治九(一八七六)年の廃刀令で佩刀《はいとう》が禁止され、「刀に愛着をもつ士族は、競って帯剣できる警察や看守の職についた」(熊谷正吉『樺戸監獄』北海道新聞社、一九九二年)という。

騎馬看守が作業場の周囲を巡回しているが、春になると囚徒の逃走が増加して、瞬時の油断も許されない。逃走者はすでに十四年は四カ月で十二人、十五年には三十四人、十六年は三十二人と発生し、とくに外役泊り込み作業場からの逃走者が大部分を占め、目が離せなかった。夏から秋は山野に果物・木の実など食べ物があり、衣服も軽くなって動きやすいのも原因のひとつだった。潔と渡辺連署で願書を出し、特別にピストルの携帯が許されたのは十七年四月十七日からである。

囚徒の収容人員は十七年には一三五三人と増加して、看守の数が間に合わない。常に人手不足で募集しなければならなかった。条件は、つぎの通りである。

一、年令丁年以上（二十歳）。
一、学科試験。
一、剣道の心得があれば更に結構。
一、月給六円、地開地特別手当六円、計十二円支給。

応募してくるのは近くの移住者の子弟で、旧士族が多かった。それでも住民数の少ない北海道だけでは足りず、東京・神戸から連れて来るので旅費や食費がかさむ。あげくに仕事の過酷さに数日で辞める者も多かった。

看守の仕事は広範囲にわたり、十四年三月の内務省達乙一五号によると、

一、昼夜交番して受持場を巡警し及び監内を守り、監外に押発の囚徒を戒護し病囚の医治に立会い、日々監中の器具を点検す。
一、服役の囚徒作業に関せざる他事を交談し、或は路人に声語し或は漫《みだ》りに部外の工場

に入り或は押丁等をして囚徒と相狃《なれ》るゝの状なからしむるを要す。若し犯す者あるときは看守長に具状すべし。

一、文字を書する能はざる囚徒の為に願訴の書面を代書する。

とあり、気軽に務まる仕事ではない。

また看守の仕事は交代制で、とくに構外の現場は大変だった。現場まで囚徒を監視しながら連れて行き、小屋掛けをして一緒に寝泊りをするなど、二十四時間緊張が強いられる。囚徒は看守の隙をみていきなり襲いかかり、サーベルを奪って逃げていくのだ。命がけの任務である。

当別出身の鹿野恵造は、「囚人一般は何と言ってもドウ猛ぞろいだった。剣道の腕前なんかも相当の高段者で、看守など何人かかっても敵わないようなすごい者も少なくなかった」(『鹿野恵造回想録』私家版、一九七〇年)と振り返る。

遠出作業は農業開拓だけではない。十五年四月、須倍都川沿岸数カ所でイナゴが大量に発生した。囚徒五百人はイナゴ駆除のため、四月十五日から九月十五日まで百五十日間で一日八時間の外役である。さらにイナゴは蔓延し、囚徒数十人を連れて胆振・日高・石狩などに出張使役をさせている。就役中、死亡者は十六人を出した。過度の労働と精神抑うつもあるが、飲料水の劣悪さで胃腸カタルになって死亡したという。それは囚徒だけではない。看守も同じ条件の作業場にいるのだ。ほかにも石狩川などの河川の浚渫などにも度々囚徒は外役に出かけて行った。

といって情けをかけると囚徒に乗ぜられ、厳しくすると狙われる。温情主義など通用しない世界である。とくに囚徒の収容は命がけだった。囚徒はいったん三池、東京、兵庫、宮城の四監に収監し、まとまった人数になると船で受け取りに行かねばならない。何より船のなかでは囚徒のほうが人数も多く優勢で、一触即発の殺気をはらみ官吏・看守も持て余していたという。

脱走による被害は看守ばかりではなかった。十六年に月形から山を越えて－中山沢－青山－弁華別《べんけべつ》－当別－札幌間に仮道路が開通したことによって、利便と引きかえに隣村の当別村は逃走路となった。逃げる途中、民家に押し入って金品や衣類を奪い、なかには食事まですする被害が頻発する。十五年二件、十六年四件、十七年三件と、「村中戦々恟々の有様を呈せり。住民が如何に心身を労し、且無用の労働を費したるかを察知するを得べし」（『当別村史』当別村、一九三八年）

そのたびに集治監は看守を派遣して捕縛に努めていたが、範囲が広いうえに周辺は原始林で、追跡調査は困難をきわめていた。そこで当別村に二人の看守を常駐させるがまだ充分とはいえず、村民のなかから七、八人を任命して警備にあたらせた。しかし囚徒の増加は逃亡者の増加にもつながり、なかには凶器を持って強盗することもあったという。十六年十一月

復元された月形典獄の部屋（月形樺戸博物館）

に札幌警察署樺戸分署が設置され、警部または巡査が派遣され警戒も厳しくなった。

　一方、各家庭でも脱獄事件が起こると、「玄関、窓などにヌキやタルキを打ちつけて脱獄囚に備える。万一進入した場合には最後の手段として目つぶし（木灰をチリ紙につつみ、ひねったもの）をたくさんつくっておいた。」（『樺戸監獄』）。住民の自衛手段として常に目つぶしは盆皿に積み上げ、家族全員で囚徒の目をねらって投げた、と看守の孫である熊谷正吉氏の話である。

　大人たちの緊張をよそに村の子どもたちの間では、「あかんぼあそび」が流行っていた。逃亡する赤い獄衣の囚徒役の子を「赤ん坊さん」と叫びながら、追い回す看守のマネをして遊んでいたという。

インフラ整備

明治十五年三月三日付太政官第十六号公布で、

「集治監ノ囚人（仮出獄免幽閉ノ者トモ）罪ヲ犯シ軽罪以下ニ該ル者ハ、司獄官吏ニ於テ裁判シ、治罪ノ手続モ便宜取計フヘシ」と、在監囚が罪を犯した場合、重罪者は管轄裁判所に送致しなければならないが、軽罪ならば獄内で裁判する「監獄内軽罪裁判権」が認められた。

北海道内の管轄裁判所は函館・札幌・根室の三カ所しかなく、獄内で発生したすべての犯罪者を送致するには多大な危険を伴った。道路や川運の交通網は未整備で、丸木舟と徒歩の護送中にもし逃亡されれば、住民に危害を及ぼすおそれがあった。樺戸集治監だけでも、逃走、窃盗、殴打創傷などが開庁から十八年十月末までに七十九件発生し、そのうち重罪は四件である。という事は犯罪のほとんどの審理は典獄の権限に任され、さらに責任の範囲が広がったということだった。

裁判権を与えられた潔は厳罰主義に徹する一方で、逃走囚の捕獲や犯罪に身命を賭して取り組んだ署員はもちろん、協力した囚徒にたいしても、その功績を評価している。

模範囚にたいしても減免して報いたいと思う潔には、囚徒の向上心を引き出し社会復帰の希望を持たせたいという懲治遷善をうながす目的があった。

典獄の任務は囚徒の矯正と集治監の運営だけではない。行政の長であり北海道開拓や北方警備の重責をも担っている。そのためにも原始林に建設された集治監が機能できるだけのインフラの整備は急がなければならなかった。まずは陸と川の交通整備である。当時、唯一の交通手段である川運だが、冬季は降雪氷結して運航は閉ざされてしまう。融雪期と結氷期は氷が流れ、丸木舟の運行は困難となる。緊急時のため籠渡し用のケーブル線を川に張ってはいるが、冬期間は陸の孤島となって集治監運営がマヒしてしまうのだ。五月から九月までの間に人はもちろん、米・味噌醬油、その他器機等を運ぶにも札幌から樺戸まで晴天で二日、雨にあうと四、五日要した。しかも長さ約七メートル、幅六〇センチ、深さ三〇センチほどの丸木舟では積量にも限界があり、同時に運ぶには何隻も必要だった。何より囚徒の移送と重なれば物品の運搬を休んで押送しなければならないのだ。一日も早く汽船の運航が急がれた。

開庁一年後から汽船新造の必要を内務省に何度も請願しているが、製造許可を得たのは十六年の三月だった。すぐに東京の石川造船所に発注し、ようやく翌年秋に長い煙突と水車の外輪鉄船二隻が到着。監獄専用汽船は、「神威丸《かむい》」「安心丸」と名づけられた。船の到着前には囚徒七、八十人が二カ月間毎日出役して、石狩川の流木や沈木を取り除き、川底を浚い、通船できる準備をして待っていた。須倍都太河畔には「監獄波止場」も設置された。

石炭を焚いて両舷の水車を回して走る力づよい外輪鉄船の姿を見て、「石狩川へ汽船の往来を見るは之を以て濫觴《らんしょう》（物事のはじまり）とす」（『月形村沿革誌』）と海賀が記したように、北海道における明治の水運は、樺戸集治監の囚人輸送ではじまったのである。五年後の二十二年二月二十五日になると、大倉組（現大成建設）が有限会社石狩川汽船会社を月形村に設立し、江別─月形間に「上川丸」「空知丸」の民間運航も開始される。石狩川の水運は屯田兵や移住団体など、内陸開拓の重要な道となって大いなる貢献をするのである。ことに月形町対岸の江別は船便と鉄道が交わる町として、急速に発展していった。

残るいま一つの交通手段は陸路である。当別村とつなぐ山道はけもの道程度で、山道、悪路がつづき風雪の激しいときは、一歩も前へ進めないのだ。その間は人が荷物を背負い二十三キロの道を三日がかりで歩いて本監に着き、もし途中で雨雪にあうと荷物が漏湿したり、それが元で腐蝕することもあった。川だけでなく、陸路の開削もさらに急務だった。

開庁前に当別村を巡回していた潔は、十五年一月二十三日付で山田顕義内務卿宛に、月形村より当別村までの道路開削の伺書を出した。必要に迫られた生活道路である。その間の緊急措置として、海賀を責任者として囚徒を外役させ、仮道路を開削する。若干便利になったものの、雪解けにはぬかるんで足をとられ歩行できなかった。政府の承諾書が届いたのはおよそ二年経った翌年の十一月である。当別と月形間の道は、十六年秋に完成した。

輸送手段以外のインフラについても、着々と整備を進めていった。

まず郵便については信書のみの扱いだが、十五年に集治監内に設置された。民間に移して郵便局一等局が設置されたのは十九年十月十九日で、本府札幌より上級で函館郵便局と同等のものである。

警察署は十六年十一月に札幌警察署樺戸分署が設置され、分署長に三宅豊松巡査が赴任した。二十二年四月に樺戸警察署となり、典獄が署長を兼務するのは二代典獄安村治孝からである。それも二年後に廃止され、再び札幌警察署月形分署となっている。

インフラ整備の進むなか潔の気がかりなことは、家族を伴って赴任してくる官吏の子弟の教育だった。とりあえず渡船場付近の小屋で監獄職員が数人の子に教えることから始める。資金は典獄はじめ官吏が負担した。十五年十月十二日に空知支庁管内で初の小学教育機関が設立となった。新築移転したのは二年後の十七年七月十日である。

医療については、集治監内には開庁と同時に医師を置いていたが、一般の移住者が増えて来ると監獄医が診療にあたっていた。公立病院が設置されたのは二十年ごろという。

人跡未踏の原始林に樺戸集治監を開庁以来、わずか数年にして政治、産業、教育、文化の中心地として急速に月形村は発展していった。村人口も十六年の一二七戸六六〇人から、三年後には六八七戸二二〇〇人まで増加する。

鴻春倪との出会い

樺戸博物館から東へおよそ七百メートルの地に、樺戸山北漸寺《ほくぜんじ》が建っている。明治十八年五月に堂宇が建立されるが、初代住職　鴻　春倪《おおとりしゆんげい》と集治監との縁は、その三年前にさかのぼる。「鴻春倪は、明治十五年大本山永平寺の特派布教師として派遣し、各地を巡教中たまたま樺戸集治監の存在に接し、教誨師《きようかいし》としてこの地にとどまることを発願」(「北漸寺開創百周年記念誌」樺戸山北漸寺、一九八四年)して、月形典獄に相談する。潔にとっても、曹洞宗門にあっても逸材と目されていた鴻春倪の在監囚徒教誨の申し入れは、願ってもないことだった。集治監を開庁しておよそ十カ月を過ぎたが、いまだ専任の教誨師が定まらず、札幌の中央寺から時おり出張教誨をお願いしている状況で、頭を痛めていたところだった。

鴻春倪の出願をうけた曹洞宗務局は、伺書を集治監に提出。集治監は内務省へ上申し、同時に大本山永平寺に交渉をすすめる。許可がおりたのは十六年七月で、初代樺戸集治監教誨師として着任となった。鴻春倪は官舎に住み毎週日曜日に集治監を訪ねては、工場や露天で教誨を熱心に続けるかたわら、潔とも仕事を離れた話し相手として親交が深まっていった。

囚徒は年々増加し、村の開拓もすすんで戸数も増えてくると、「一般住民の仏事、葬祭、布教など」(前同)も含め、信徒の数もしだいに増していき、官舎住まいでは対応できなくなってきた。潔はこれまで集治監事業が繁多で、講堂の新築まで手が回らなかったが、囚徒の教誨のためにも必要に迫られ、講堂および板庫、収獲庫の設置願いを内務省に提出する。十七年十二月二十四日に許可がおり、仮御堂は十八年五月十一日、囚徒の手によって建立された。寺号を「樺戸山北漸寺」と名づけられ、鴻春倪は第一世住職となった。それも札幌中央寺の末寺ではなく、永平寺の直末《じきまつ》で中央寺と同格の寺である。

鴻春倪は教誨師として潔の苦悩の多い任務を支え、月形村の発展に尽くし、月形潔が集治監を去った四年後の二十二年秋、遠州（静岡県）秋葉寺へ転任して行った。

資料では生年月日は不明だが、大正十五年の没年から逆算すると月形村を巡教したころは三十代半ばかと推測するが定かではない。

明治二十四年七月北海道集治監制が発布され、樺戸を本館として空知、釧路、網走は分監と改められる。同年八月十日空知集治監のクリスチャン典獄大井上輝前《おおいのうえてるちか》が本館典獄に就任すると、教誨師も仏教からキリスト教に変わっていく。

北漸寺で潔の直筆掛け軸一幅が発見されたのは平成二十（二〇〇八）年十二月のことだった。七言絶句が書かれたもので、潔の号「篁村《こうそん》」の文字と落款が押されている。明治十八年五月に北漸寺仮御堂が建立されたとき、潔から鴻春倪に進呈されたものではないか、と推定されている。

一衣一鉢冷生沍　　机有梵経瓶有花
借間人間稲粱客　　知不禅味淡於茶
篁村　印

一枚の衣を着、一個の鉢を持ち
冷たいなか托鉢をして歩く
そんな生活でも机の上には
経典もあるし　花瓶には花が生けてある
それで十分なのだ
ところでちょっとお尋ねするが
俗世間にいて稲や粱など
うまいものを食べている人々よ
禅の味わいはお茶よりも淡くて
素晴らしいものだということを
知っているかどうか

（現代語訳／月形樺戸博物館学芸員　野本和宏）

永倉新八を剣道師範に

杉村義衛が樺戸集治監の剣道師範として赴任してきたのは、明治十五年十月である。杉村とは、元新撰組二番組長永倉新八のことである。永倉新八は旧松前藩主松前伊豆守の家臣の家柄で、十八歳で新道無念流の本目録を受けた腕前だった。

明治維新後に北海道福山（松前）に戻り、旧松前藩医杉村松柏の娘と結婚して、杉村義衛を名のる。十二年ごろから気が向くと松前警察署や中学校の道場に立ち寄っては、好きな剣道を教えていた。竹刀を持つのが何よりの楽しみで、師範という堅苦しい立場ではなかったという。

集治監が開庁すると、「剣術師範を探しているが、やってみないか」と勧めてくれる人がいた。もとより「三度の飯より好きな剣術でお役にたてるなら」と永倉は快諾し、直接潔にその意向を伝えたという。潔にとって新撰組は、勤王志士を武力弾圧した不倶戴天の仇敵である。新撰組に同志を何人も殺されていた。人を斬ることを得意とする新撰組のなかでも、永倉は剣の名手の筆頭にその名を馳せた存在である。しかも西南の役には抜刀隊の一員となって従軍したこともすべて承知したうえで、剣術指南を依頼した。獄内には士族の乱や自由民権運動で捕縛された国事犯も多く、幕末の敵味方は入り混じっていた。いまは過去にこだわっている時代ではない、潔の視線は過去ではなくつねに現実と未来を見ていた。

看守は二十四時間命の危険にさらされており、いっときの気のゆるみも許されない仕事である。

「看守は一応剣の心得はある者ばかりですが、生半可なことでは務まりません。剣術と同時に心も鍛えてほしいのです」

と頭を下げた。潔の厳しい表情のなかに、部下を思いやるやさしさを感じた永倉は即座に剣道師範を引き受け、家族共ども月形村に移り住んだ。

　道場には「修武館」と書いた扁額が掲げられた。揮毫したのは山岡鉄舟である。額の裏に「壬午初冬日　山岡鉄太郎」と添書きがあり、十五年の冬に赴任の祝いに書き贈ったものである。ふたりの関係は文久三（一八六三）年、江戸で浪士組が結成されたときにさかのぼる。浪士組の取締役に就任したのが、講武所剣術世話心得山岡鉄太郎（鉄舟）だった。

　永倉新八は潔が樺戸を去った翌年の六月、辞表を出して月形村を去る。その後は、かつての戦友を弔う日々を送ったという。

　JR埼京線板橋駅東口を出ると、道路を隔てた一角に、「新選組近藤勇墓所」の立看板が目に入る。寿徳院境外墓地の四～五メートル奥中央に、「近藤勇宜昌・土方歳三義豊之墓」と刻まれた三メートル近い細長い墓石が建っている。左右側面に新撰組隊士百十名の名前が刻まれ、明治九年五月に永倉新八が発起人となって建立したものである。手前左手には本人の遺言によって建てられた永倉の墓石も並んでいた。慶応四（一八六八）年四月二十五日、中山道板橋宿に近い一里塚で近藤勇は斬首された。首級は京都へ送られ、この地は残った胴体を埋葬したところだという
　永倉はほかにも明治八年暮、函館山の山麓に土方ほか二十六人の新撰組隊士を祀る慰霊塔

「碧血碑」を建立。碧血とは、「義に殉じた者の血は、三年たつと碧に変ず」の中国の故事に因むという。大正四年一月、小樽で没す。享年七十七。

熊坂長庵

藤田組贋札事件の犯人とされた熊坂長庵が無期徒刑囚として樺戸に送られて来たのは、明治十七年（一八八四）三月のことだった。その罪状を見て誰よりもおどろいたのは潔自身で、過去の苦い記憶がよみがえってきた。その贋札事件は潔が獄舎位置選定を命じられる前年、調査にあたった事件である。なぜ、その事件の犯人が、この樺戸へ送られてきたのか。偶然と思いたいが作為を感じ、背筋に不快なものが走った。犯人不在のまま事件が終息し、十五年に、三十七歳の画家が真犯人として逮捕され、取り調べを受けていることは聞いていた。しかし、潔が知るかぎり二円贋札紙幣は精密を極め、一人の画家が作れる規模ではない。熊坂長庵も判決を不服として上告したが棄却され、無期徒刑が確定していた。冤罪ではないか、事件の詳細を誰よりも知っている潔は確信に近いものがあった。

熊坂長庵は弘化元（一八四四）年一月生れ、神奈川県愛甲郡熊坂村（現愛川町）出身で、本名は澄《ちょう》。「生れつき背が高く端麗で貴公子のような容姿をもち、頭が良く、能弁で、文章や書をよくし、その上画も巧みで優れた才能の持主だった」（中村昌治『八十八歳の郷土誌』中央公論事業出版、一九八六年）という。十六歳のとき江戸へ出て南画を学び、慶応二年二十二歳で郷里に帰って結婚。明治六年六月、小学校が創立されると校長に就任するが一年余で退職し上京。しばらくは諸名士と派手に交遊して芸術家らしい生活だったようだ。その後は引きこもり、謎めいた生活を送っていたという。

無実を信じる潔の計らいだったのか定かではないが、熊坂長庵は獄内にもかかわらず大量の絵を描き残している。その一枚が北漸寺に残されていた、波間に立ち上がる観音図である。右手に利剣、左手に宝珠を持ち、顔に妖しい笑みをうかべ、薄物を羽織って波間に立ち上がる姿にふくよかな乳房が透けている。うす暗い堂内て見ると、どこか挑発的にその視線が迫ってくる。

潔が樺戸を去り長州閥の安村治孝が二代典獄に就任した八カ月後の十九年四月、熊坂長庵は心臓マヒで死去。四十一歳だった。毒殺ではないか、と噂されたが、いずれにせよ真犯人とされた熊坂長庵が死んで「長州閥を安堵」させ、一大疑獄と世間を騒がせた藤田組贋札事件はこれで完全に終息したのである。

建部彦麿来監

思いがけない来客があったのは、十六年六月のことだった。旧福岡藩士建部《たけべ》彦麿《ひこまろ》が集治監にひょっこり顔を出した。彦麿は嘉永四（一八五一）年生まれで、潔より四歳下である。彦麿の父武彦は勤王派で福岡藩乙丑の獄で切腹処分となり、それ以来建部の姓は封印されていた。兄の小四郎は武部を名のり、西南の役に呼応して決起した「福岡の変」で主謀者となって斬首された。そのとき兄とともに挙兵した彦麿は捕縛され、国事犯として二年の刑をうけた。十二年六月に兵庫集治監を出獄したが福岡へは戻らなかった。以前から大農場を経営したいという夢があり、妻と子二人をつれて渡道したのは十四年三月である。反骨の彦麿は建部を名乗っていた。

彦麿は品川から北海道へ向かう船中で、当別へ行くという旧福岡藩士の柴藤善三郎に会ったと話す。柴藤は潔の学友である。当別移住については潔が福岡へ紹介し、柴藤がその実地調査をすることになったらしく、その途次に彦麿と会ったらしい。自分が繋いだ偶然を潔は嬉しく聞いていた。

彦麿が話すには、渡道するにあたり学友の内閣大書記官金子堅太郎宅へ挨拶に行ったときのこと、金子は、

「いやあ、国事犯というが、皆々憂国の士でないですか。私は福岡の青年が西郷さんに呼応して立ち上がったその勇気と志気を誇りに思っています。腕を組んで時の流れを唯みつめているのでは進歩はありません。激流に掉さす覇気、それがまた新しい時代のエネルギーとなります」（建部武四郎『大いなる歳月　建部の系譜』私家版、一九八三年）。

など語り、さらに旧福岡藩士である自分が今日あるのは、郷土の先輩が身命を賭して三条実美公を護ってくれたからだと、話していたという。

潔も彦麿と話しながら、従兄の洗蔵や大伯父の深蔵のこと、家老の加藤司書、平野國臣、中村円太、そして彦麿の兄武部小四郎や越智彦四郎のだれかれを懐かしく切なく思い起こした。生きておれば明治の時代に活躍したであろう有能な藩士ばかりである。福岡藩は惜しい人たちを失ったものだとつくづく残念に思った。彦麿はその時代の息吹を通わすことのできる数少ない同志だった。

潔は北海道の冬の厳しさを話す。零下二十度を超える日もあるというのに、囚徒に足袋もなく素足にワラジ、そのうえ足に鉄丸である。再三、厳寒地の特殊事情を具申して、囚徒に足袋手袋を与えるよう努力しているが、中央官庁でぬくぬくと暮らしている上司にはわからない、と顔をくもらせる。話を聞きながら彦麿は、「月形潔をあたかも鬼のようにいうが、囚人たちの味方は実際は月形である」（『大いなる歳月』）と思った。夜の更けるまで話した翌日、しばらくこの地にとどまって分監設置の適地探索を手伝ってほしい、と潔から要請があり、彦麿はしばらく腰を落ち着けることにした。

そのころ東京では上流階級の社交場として「鹿鳴館」が建設され、明治十六年七月七日に完成。設立したのは集治監建設を請け負った大倉組である。

九月三日、潔は副典獄桜木保又、書記海賀直常、測量師大橋完吾らに石狩川上流の地形測

量調査を命じ、それに彦麿も同行させる。彦麿の記録を見ると、

「二艘の丸木船に食料を積み、二人のアイヌと二人の模範囚人と看守兼助手を乗せて出発した。道具としては望遠鏡と一丁の銃である。夜通し火を焚いて熊の襲撃を防いだ。それでもなお人跡未踏のこの地の夜聴く熊の咆哮は不気味なものであった。四日五日次第に川巾は狭くなり岩石が多くなる。水は岩にはばまれ、しぶきを上げて急流となった。七日、旭川近くの神居古潭《かむいこたん》で舟の進行をあきらめる」（『大いなる歳月』）

など、植物の豊かな実りや、魚の大群にも目を見張っている様子を書きつけている。

そのときの石狩川上流の調査について、桜木保又は「上川出張日記」（月形樺戸博物館蔵）のなかで次のように記す。

「この日ウシシベツに至る。原野は遠く開けて五里余にわたる。おもえらく、地味肥沃ならずといえども、草木繁茂し、すこぶる有望の地なり。ただカムイコタンの難所あるがために水運通じがたしといえども、道路を開さくせば、やや平坦なる道路七、八里にして下流イチャンに達するを得ん」。イチャンとはアイヌ語で、鮭が掘る産卵のくぼみのことである。

集治監独自の上川探索によるこの調査報告は、旭川にとって重大な意味をもっており、のちの旭川のまちを作る第一歩となった。

ほどなく樺戸集治監を発った彦麿は、農業技術を学ぶためアメリカに渡り十九年八月に帰国。伊達紋別《だてもんべつ》の官立紋別製糖所御用掛として伊達村に入る。のちに大農畜牧場を経営し、明

治二十八年六月二十三日、壮瞥《そうべつ》に眠る。

さて初代典獄月形潔が描いた囚徒による上川地方の農業経営だが、十九年に道路の開削と並行して農事試験場が開設され、五月に麦・ソバなど試験用の耕作を始めている。二十三年九月二十日旭川村が開村し、翌月から全国的に屯田兵の募集をくり広げて四百戸が入殖。旭川村で稲作が始まったのは二十五年からである。

弁華別部落と福移部落

当別村を巡回したのは樺戸集治監が開庁してまもない明治十四年九月二十五日で、そのとき潔は弁華別が開拓地として有望と判断し、福岡市に団体移住を進言した。『当別町史』(当別町、一九七二年)によれば、翌年春に福岡から柴藤善三郎が調査のため当別を訪れ、五十万坪の土地の選定や移住の準備に着手した。その土地は伊達氏が第四回移民の予定地として出願し許可を得ていたが、快く譲ってくれたのだ。ベンケベツはアイヌ語でペンケペチウシュナイ(沢と川があり樹木がしげっている)が語源である。

明治十五年九月、第一回移住者二十八戸七十七人は博多港を出航した。途中数々の障害が発生し数カ月かけてようやく函館に着いたものの、引率していた旧福岡藩士族名越屋種茂が突如、姿を消してしまった。寒さも厳しくなり函館で途方にくれていた福岡移民団のため、奔走してくれたのが当別出身の県職員で、翌年一月十三日に積雪に覆われた弁華別にやっとの思いで到着したのだった。八月二十三日には第二回移住者の二十二戸六十九人が到着。農業といっても原始林の開墾にはじまった。

農業移民は渡航費・小屋掛けなどの給与はあったが救助米の制度はすでに廃止され、作業に関する経費は全て自力とされていた。弁華別移住者の困難を見かねた潔は集治監有志に声をかけ、「七十余人の金品の寄贈」（『当別町史』）を行い、さらに福岡県にその窮状を訴えた。福岡・大分両県の有志から三五五円の援助金が送られ、先住移民の協力もあって困難をのり越えることができたという。

弁華別の福岡県移住者の問題がどうにか峠を越え、ホッとしていた潔はいつものように「函館新聞」に目を通していた。十六年五月三十日付の記事に、「移住民困難」の見出しを見つけ表情がくもった。それは筑前開墾社の惨状を訴えたものだった。

「札幌県下へ移住せし福岡県移住士族等が昨冬より甚しき困難に陥りし次第を聞くに（略）資金一万二千円余を拝借せしも僅か開墾用に使用せしは二千円たらずにて（略）開墾にいまだ着手せざるに（略）早く一粒の米一銭の銅貨もなく（略）冬季に向ひ実に餓死する斗《ばか》りの様に陥り、実に憐むべき状況なりといふ」

それも福岡県だけでなく、他県の移民も同様に餓死の惨状を見る、と報じていた。

記事を読んだ潔は同胞の窮状を黙って見過ごせなかった。移住地は集治監からおよそ四〇キロと、さほど離れてはいない。早急に情報を集めるため、その地を訪ねて話を聞かなければならない、と急ぎ立ち上がった。

筑前開墾社とは福本誠（日南）によって結成され、北海道の開拓と開発、北方警備、窮乏士族の就産などを目的とした組織である。十三年五月に来道した福本誠らは、開墾予定地を視察して移住地を決め、農商務省に移住資金貸付を申請。六十戸分一万二千円の貸付が許可されると、十五年四月十五日、五十戸一七五人が新天地に夢と希望を抱いて博多港を出発した。

小樽港に着いたのは五月四日で、翌日当別川が石狩川と合流する地点の篠路《しのろ》村字当別太《とうべつぷと》に入った。そこには「大木がすき間もなく生い茂って（略）大木の間には、背よりも高い熊笹やいろいろな草でうずまり」（羽田信三編『シノロ　140年のあゆみ』「シノロ」協賛会、二〇〇三年）、地面は一面水がたまった泥炭地帯で、当別川対岸に人家が二、三軒あった程度の原始林だった。ところがいくら待っても福本らが受け取った移住資金が届かないのだ。そのため開墾地にも入れず仮宿舎に足止めされたままになっていた。開墾社の役員に再三催促してやっと届いたのはわずか二千円のみで、その後の連絡は途絶えてしまったという。

幹部職員による資金流用事件が発覚し、社長福本誠、重松勝盛、浅香竜起らは取り調べを受け、開墾社は解散してしまった。移住者は持ってきた衣料など売って糊口をしのいでいたが、何もできないまま仮宿舎で冬季を向かえていた。いよいよ食料も尽き、飢餓に瀕していた。窮状を見かねて義捐金や物資の救援も届いたが、それも底をつきただ死を待つばかりだと話す。

実情を聞いた潔は、このままでは当初の志を果たせないどころか、ふるさと福岡から遠く離れた北海の地で野垂れ死にするに違いない、と考えると、居ても立ってもいられずただちに上京して内務省へ行った。東京には幸い早川勇が元老院にいた。潔は「同県人としてこのまま黙って見過ごすことはできない」と説明し、早川、久芳付らと「北海道移住福岡県士族救恤《きゅうじゅつ》委員会」をその場で起ち上げる。東京に寺尾寿、杙川温、富川顕輔の委員三人と福岡区役所に委員を置くことを決めた。さらに福岡県庁には現状把握のためにただちに来道するよう約束をとりつけると、七月十八日付の読売新聞に救助金募集広告を載せる。

「今般有志者相謀り北海道札幌県下篠路村の窮民一百五十余人を救恤せん為め汎《ひろ》く全国の仁人君子に告《つげ》て其の救助金を募る慈善の人々は左記の処へ金円送附あらんことを請ふ」と東京・福岡の委員の住所氏名が記されていた。

翌十九日付の「東京日日新聞」（現毎日新聞）には潔らが作成し配布した、「福岡県人北海道移住者救恤書抜抄」から、「主謀者による恩貸の金額の濫用によって、同年冬以来殆んど飢渇《きかつ》に迫り糯糠《もちぬか》だも得ず空しく氷雪を嚙みて命を繫ぎし（略）今にして捨置きなば素志を果たすことを得ざるのみならず忽《たちま》ち北海の鬼《き》となるを疑ひなし」と紹介し、早川勇、月形潔等の諸氏が主唱して募金活動に立ち上がったことを知らせ、協力を呼びかける。

福岡では潔らの要請をうけて官吏を現地に派遣し、「其情状悲惨聞クニ堪ヘザルナリ故ニ県下同情ノ士ニ謀リ爰《ここ》ニ救恤恵与ノ方法ヲ設ルニ至レリ」（『勧業年報』明治十六年〈『福岡県史』近代資料編士族授産〉）と報告され、ただちに福岡県勧業課は十月、県下の同朋の慈善にすがらなければ一縷《いちる》の活路なしと広く募金に取り組んだ。「勧業年報」には士族の窮乏が毎回のように報告され、今後の移住開墾を志す者へ、悪がしこい者の罠に陥らないよう、各々が周到な準備と覚悟を持つよう促す。「其地理形勢を審察し糊口を饒《ゆたか》にし冱寒《ごかん》をしのくの準備を要し而〆《しこうして》百折《ひゃくせつ》不撓《ふとう》犂鋤耕耘の刻苦に勝ゆるの気力を有せざれは北門の鎖鑰《さやく》をかため本邦の富強を培養するに足らざるなり」（『福岡県史』近代資料編士族授産）。

　移住する土地のことをよく調べ、食べる物や寒さをしのぐ準備をしてどんな困難にもくじけない気力を持って農耕に励まなければ、北門を守って国を強くすることなどできないだろう、と、厳しく移住者の心がまえを説いている。

　さて潔は札幌に戻り、県令調所広丈に面会。十五年に制定された「移住士族取扱規則」に定められた士族授産金をさかのぼって貸与されるよう相談する。「移住士族取扱規則」とは、開拓使長官黒田清隆の、「士族授産のために、北海道に移住開拓させよ」という意見によって発布されたもので、窮乏士族の授産政策の一環として北海道移住を奨励・推進したものである。貧困士族に対し、毎年十五万円、八カ年合計百二十万円の士族授産金のほか、旅費・食料・農具・種子代・仮家作料などが貸与されることになっていた。ところが「移住士族取扱規則」は一年も経たずに打ち切られ、授産金残高を屯田兵募集に切り換えてしまったのだ。福移開拓はその端境期の移住士族だった。潔の熱意が通じたのか福岡県士族にも、さかのぼって授産金が貸与されることが決まった。筑前開墾が本格的に動き出したのは翌十七年からで、リーダーであった木野束の元で二十八戸九十四人が踏み止まっていた。

入殖時の当別太に代わり「福移」の地名が出てくるのは明治二十五年からである。その年は十七年にはじめた寺子屋が篠路教育所仮分教所となり、福岡の福と移住の移をとって福移分教所と命名されたのが初出である。校章は福岡藩主黒田家の家紋である「のぼりふじ」だ。また建立年月日は定かでないが、福移神社の祭神は学問の神菅原道真で、筑前大宰府天満宮の遥拝所として祀られたという。二度と帰ることもない遠い地で、ふるさとを想う切々とした心情がいまも篠路に刻まれている。

『シノロ　140年のあゆみ』の編著者羽田信三氏は、「平成の現在まで残っておられる福移の方々に心から敬意を表したいと思います。現在まで残った方が不思議と云われる程の困難に打ち勝っての定住です。この一〇〇年、よくぞ耐えてくださったと思います」と、福移の項を結んでいる。

救済活動のなかで潔の人柄にほれ込んだ加来康雄は、福岡藩剣道指南番だった父ともども一家で当別太に移住してきたが、百姓をやめて看守の道を選んだ。のちに看守長となり、潔を支えていく。退官後は知来乙で加来農場を経営したという。

移住民の苦衷と困難を知った潔もまた、北海道開拓のつよい決意を固めるのだった。十七年八月十九日、戸籍を福岡から集治監典獄官舎地「月形村字富本町番外地」に移した。終生、開拓に力を尽くし北海道に骨を埋める並々ならぬ覚悟の証だった。

『当別村史』（当別村・吾妻阿蘇男編、当別村、一九三八年）を見ると十六年の移民計画地出願者のなかに、月形潔二十万坪、副典獄桜木保夫他三名で十二万坪、とあった。ところが許可はおりているのに着手されず、返地となっている。土地は「シベツ」とあり、調べてみると道内に二カ所あった。オホーツク海に面し知床連山の麓に位置する「標津」、それに上川地方北部の旭川の北寄りに位置する「士別」である。だがどちらも樺戸から離れすぎている。私は須倍都をアイヌ語で「シベツ」と呼んでいたことを思い出した。出願地は須倍都川の沿岸ではないかと確信するが、なぜ返地されたのだろうか。

それについて興味深い話が、『月形村沿革誌』にあった。明治十七年、集治監付近の地を牧場用に拓き、旧青森藩士の多数を移住させる計画を立て、潔も了承している。移住者のうち集治監に適する者は奉職し、その他の者は牧場を経営すればいい。負担金や貸付金、必要経費など収入支出を細かく算出し、須倍都太沿岸に仮放牧地を作って牛舎二棟と事務所も設け、実施するばかりになっていた。ところが、「月形典獄は辞し安村典獄之れに代りてより農業其他囚徒傭役方針等一変したる為に此計画も挫折する已むなきに至りたり」と、海賀はいきさつを記す。空知集治監も創立された今こそ、この有益な事業を開始することは、今後の地方発展の元になっただろうが、典獄の更迭で立ち消えになったことを、「甚だ憾むへきなり」と口惜しさを書き付けている。シベツの地は旧青森藩士を移住させるための準備だったのか、定かではない。

弁華別や福移の士族授産の悲惨さを目の当たりにした潔は、長文の「北海道移住民意見書」(月形樺戸博物館蔵)を上申する。

正確な年月日は記されていないが、例えに篠路《しのろ》字福移を取り上げており、十六年八月以降であることは推定される。

意見書では、一つに貸与金を漫然と移住民の手に交付しているため、不幸にしてその主唱者もしくはその社長に盗まれ、移住民が困窮に陥った例を挙げ、さらに、移住士族の漁業への出稼ぎの弊害を改め、「半農半漁ハ農事開拓ノ進歩ヲ妨クルモノ」で、定住専農させるべきである、と提言する。

漁人は、漁で十円稼ぐに身体を労役するだけで、飯も雇主のところで食べ、利益もその場で手にできる。一方農は、牛馬・農機具を揃え、人手を雇い、収獲まで日時を要する作業であると、農と漁の違いを述べ、このままでは農業開拓は進まないだろうと、半ば怒りをぶつけている。潔の正義感と責任感、そして農業への信頼が熱いがゆえに、現場を知らない政府政策に対する不満が凝縮されたような意見書である。

安場保和北海道視察

参議伊藤博文に月形村巡覧を請う、潔の書簡が「月形樺戸博物館」に残されている。下書きのためか年月日は記されていないが、重松一義氏は、「文意から明治十七年春の書簡である」(『典獄月形潔とその遺稿』福岡県文化会館、一九七八年)と推定している。その下書きを読むと、十三年に閣下の命をうけて北海道に赴き、十四年に典獄を承り、現時罪囚千五百人となった、とまずは経緯を報告。

「今や鬱林繁草の原野変して阡陌《せんはく》を通し穀業青々の田圃と為る　庶民家を携て移住し群貨海を踰《こえ》て輻湊《ふくそう》し狗吠聞へ鶏鳴連し茲に新に聚落を成す」

原始林が今では穀草青々とした田圃に変わり、庶民も移り住み、犬や鶏の鳴き声を聴く村落となりました、と現況を書き記し、これも閣下が種子を播き、松方山田両公が培養し、加えて朝廷が雨露となって涵青した結果であり、願わくば本年暑中に光臨を賜われば、潔一人だけでなく、本地人民の幸福でありますと、悃願の書をしたため、伊藤博文の来道を乞い願っているのだ。

潔にとってこの三年で当初の目的を達成し、いやそれ以上の成果を挙げているという自負があり、典獄に抜擢してくれた伊藤博文にぜひ見て欲しいという思いがつよかったのだろう。

またそれ以上に、困難を共にして来た部下に対するねぎらいや励ましになるという思いもあったのだ。しかし、伊藤博文は公務に忙しいのか集治監を訪ねることはなかった。

ちょうどそのころ、明治十七年七月七日、伊藤博文お手盛りの「華族令」が公布された。それまで身分の呼称にすぎなかった華族が、公・侯・伯・子・男の五爵いずれかを与えられ、貴族院議員になるなどの特権を与えられたのだ。政府中枢の公卿・諸侯出の高官たちは「伯爵になった！」「子爵になった！」と、あちこちで酒宴の準備に湧きかえっていたという。

その一方では、五月十三日に貧民救済と政府打倒を旗印に三千余の農民が、ムシロ旗を立てて群馬県妙義山麓に集結した「群馬事件」が起こる。群馬自由党の領袖宮部襄《のぼる》らは逮捕されて、拷問のすえに徒刑十二年に処せられ樺戸集治監に送られてきた。つづいて八月十日に八王子北方の御殿峠で窮民一万が蜂起する。九月二十三日には茨城県「加波山事件」。十一月一日、埼玉県秩父で困民党数千人が武装蜂起。十二月には「飯田事件」が起こった。飯田事件の関連で発覚した「名古屋事件」では、人力車夫の組織「車会党」を結成した土佐の奥宮健之も樺戸に送致されてきた。政府は西南の役後の財政危機を打開するため、十三年に強行した租税負担の不平等によって、人民はどん底の生活を強いられ、ついに死を覚悟して立ち上がったのだ。貧民救済と自由をもとめて各地で抵抗運動が勃発し、弾圧されては血の雨を流していた。

「ここ数年のあいだに数百万の小豪農・自作農をおしつぶし、六十万戸に近い農家を解体させ、五万社に近い小会社を倒産させて、松方財政は、死骸の山を戦車でひいてゆくように勝利のうちに驀進《ばくしん》したのである」（色川大吉『近代国家の出発』日本の歴史21、中央公論社、一九六六年）。その一方で経費節約のためと官有財産をただ同然に政商に払い下げ、見返りの賄賂は官吏の懐をうるおしていることに、人民の怒りが噴出するという背景があった。

自由民権運動の徒刑囚は空知集治監が一番多く、次いで釧路集治監だが、樺戸集治監にも群馬事件＝宮部襄、深井卓爾。名古屋事件＝奥宮健之。加波山事件＝草野佐久間、五十川元吉。秩父事件＝菊地貫平、堀口栄次郎、宮川寅五郎、柿崎義藤、大野長四郎、小林酒造蔵、杉本馬吉、伊藤彦九郎、近藤岩吉、伊奈野文治郎。静岡事件＝清水高忠（『樺戸監獄』）らが、いわゆる国事犯となって送り込まれてきた。

潔は複雑な心境だった。元は同志であり新しい国づくりをめざして闘った仲間である。その手段は間違っていたとしても、心情的には理解できた。いま自分のできることは、集治監を使って農地を開墾し食と住の安定を図ることにあると、改めて決意するのだった。

集治監典獄の業務は日々煩雑を極め気持ちの休まるときはないが、そんな毎日のなかで公私事にわたって多くの人との出会いがあった。参事院議官安場保和が政府の命をうけて、北海道巡回視察をするとの報せが潔のもとに届いたのは、十七年六月のことである。巡回の目的は、「北千島占守《しゅむしゅ》島在住のアイヌ人を南千島に移住させること、また北海道全般に関して今後の方針を得るため」で、巡視団は天皇巡幸に次ぐといわれる規模の大きなものだった。

安場一行は六月十三日横浜を出航し、十六日に函館に着いた。巡視の前半は船で根室に着き、占守島、択捉《えとろふ》島、さらにオホーツク海沿いの網走・紋別など回り、七月四日札幌に着いた。後半は八月七日から十五日までで、札幌市内およびその近郊と石狩平原の各所を視察する予定という。

八月九日巡視団は当別村を訪れて、伊達邦直の開墾地を見た。さらに吾妻謙らの話を聞き、伊達邦直宅に泊るという。その日樺戸集治監から月形典獄の書状を託された海賀は、当別まで出迎えに行った。翌日一行は伊達の開墾地や福岡の移住地弁華別など回り、安場は「開墾殆んど困難といえども、本年は梢落着の形状あり」（清野謙次編『明治初年北海紀聞』岡書院、一九三一年）と記す。それから樺戸集治監に着いたのは九時で、潔をはじめ諸官員たちが揃って出迎えた。潔らは囚徒の拓いた開墾地を案内し、本監に着いたときには一時をまわっていた。そのまま監内を案内しながら、開庁から三年の経過を手短に説明する。安場はふむふむと熱心に頷いていた。

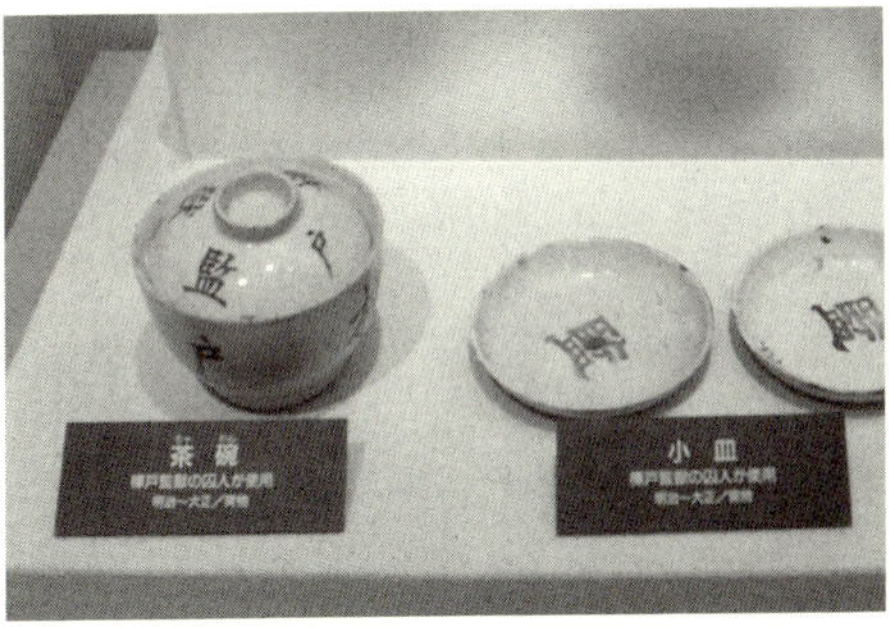

樺戸集治監で囚人たちが使用していた食器類
（月形樺戸博物館蔵）

昼食は典獄官舎ですませ、しばし休息をとる。午後三時から知来乙などの開墾地を見て歩き、安場は収獲高など質問した。官舎へ戻ると湯沐して、夕食を食べながら歓談となった。ひと通り公的な話が終わると、潔は現在の三県制に疑問を投げかける。

「開拓使時代に比べて、三県は一般行政、開拓事務は農商務省事業管理課と、責任の所在が細分化されて明確でなく、官吏の数ばかり多くなって煩雑なわりには成果がなく、問題が前へ進まなくて困っています」

安場保和は大きく頷いて、「自分の今回の任務の一つは、三県制の行きづまりを打開するためでもある」と言い、これは自分の考えですがと前置きして、「三県制を廃して、内務省管轄の北海道殖民局を置き、地を闢《ひら》き物産工業を盛大にすれば、北門の外敵の侵入をくいとめる要所になるだろう」（安場保吉編『安場保和伝』藤原書店、二〇〇六年）と力をこめた。安場は十三年に設立した農業振興のための資金貸付事業を目的とした「勧農義社」の主唱者の一人であり、いまも活動しているとのことだった。潔は安場に自分と相通じるものを感じて、心づよく思った。後日北海道開拓に関する「意見書」を送付することを約束する。

その夜十時四十分に巡視団は石狩川上流を船で巡り、翌朝六時に樺戸に戻ってきた。官舎で朝食をとり、午前中は炭焼きの様子など作業場を見学すると、つぎの空知集治監へ向かった。空知までは海賀が送って行く。巡視団は月形村の様子について、「二三條の町をなし呉服屋、小物屋、料理屋、其他種々店あり、日用には不自由なし。芸妓もあり、之を以て他は推知せらる」（『明治初年北海紀聞』）とその繁栄ぶりを記している。

上川郡地方巡回

明治十七年十月六日より十七日までの十一日間、潔と海賀、高野譲ら八名は上川《かみかわ》郡地方巡回のため、樺戸丸第四号で石狩川を上流に向った。地理土質や水勢を見て歩き、開墾に適しているか、水運の便はどうか確認するためである。

七日、本監から十五キロほど上流の「遅幾内《おそきない》」は集治監の開墾地で、囚徒外役派出所があり、柾板工場もある。近々囚徒百人を増員して農事に従事させる予定である。翌八日、空知川畔に四、五戸のアイヌの住居があった。なかのひとりイチシーは三十歳すぎで内地の言葉を話し、物の道理もわかる男だった。自ら農業をして粟・稗など作り、栄養を考えているという。潔はこの男の殊勝な心がけを褒め、農鋤など与え樽酒を飲ませ、励奨するのだった。

石狩川上流は川巾も狭く急流で、崖から巨木が水面に横たわり前進を阻んでいる。樺戸丸は転覆しそうになりながら神居古潭の下流まで達した。河水が瀑布となって岩石を打つ音は、まるで熊の吼えるが如く、はては鬼の悲しむ声かと聞き惑うほどである。

「奇石恠岩陸離眼を驚す」（「上川郡地方巡回日誌」月形樺戸博物館蔵）と、まるで仙境に入ったようで、「石狩河一百余里の間第一の光景と称すへし」と潔は絶賛する。

かつて松浦武四郎も丸木舟で上川方面の人別調査を行っているが、神居古潭の渓谷で

「チョウザメやフカザメの躍る姿は、蛟竜でも潜むかと怪しき気色である」（花崎皋平『静かな大地』岩波書店、一九九〇年）と幻想的な印象を記している。安政四（一八五七）年五月のことで二十七年前であるが、神居古潭は当時のままの仙界だった。

翌十五日は潔以下一同断崖をよじのぼり、瀑布に沿って四キロばかり陸路を行き、上流のウシシベツに着いた。川巾およそ九〇メートル、アイヌ居三戸あり。離れて漁猟をしていた。山野を探険すると広く開けて、遠く周囲を屏風のように山が立ち重なり、その中間は平坦地である。ここより上流は昨年副典獄桜木保又が地検し、「この上流頗る開闊の原野ありて開墾に適すへし」（「上川郡地方巡回日誌」）と報告しており、巡回はここまでとした。

上川に滞在中のことだった。二十四人のアイヌが来て、なにか懇願しているようだが言葉がわからない。案内のアイヌを呼んで解してもらうと、彼らは我々が討伐に来たと思い、「我らを助けてくれ」と言っているというのだ。おどろいた潔は、「自分たちは道路や食を思って君たちに便利を与えるために来た」と説明すると安心したのか、敬礼を何度もして満足して帰って行った。翌朝、丸木舟に鮭、ウグイ等の川魚を、夕刻には鴨を数羽持ってきた。お返しに酒、さとう、木綿糸など渡す。内地の人間が来ると討伐かとおそれられるとは、開拓の方法について、これで良かったのかと後ろめたい気持ちが潔の心をよぎるのだった。アイヌがいなければ自分たちは何もできなかったではないか。誰もが便利な生活を営めるようにと、一行は目的を再確認して帰路についた。十月十七日四時すぎ、監獄波止場に到着する。

上川郡巡回後に潔と海賀は福岡県士族の名前で、「上川地方は土地広大にして平坦、有為の地を永く放任するは北海道開拓の見地よりして黙止す可らざる」(『月形村沿革誌』)と開拓意見の建議をしている。ところが数カ月後、内務卿山県有朋から、「斯ノ如キハ司獄官ノ為スヘキ事ニ非ラズ」と却下されてしまった。

この前年には桜木、海賀の両看守長に忠別《ちゅうべつ》(旭川)上川の調査を命じており、十八年には滝川より深川に進み三十町歩の畑を開墾する。潔は旭川、留萌《るもい》、増毛《ましけ》を野菜場所と定めて、この作業を藤田軍兵看守長に指揮させた。これと併行し、杉、リンゴ、アカシヤの植樹、牛十八頭の買付けもおこない農業開拓の成果を着実に達成していた。

北海道開拓意見書

北海道巡視を終えた安場保和参議に宛てた潔の、「北海道開拓意見書」が、北海道立公文書館に保存されている。樺戸集治監で楮を植えて漉《す》いた朱罫の専用箋に五十六枚余、現状分析と未来構想が記された渾身の意見書である。提出した年月日は定かではないが添付された「屯田兵家屋建築積昼」に、十七年十二月の日付があり、それ以降と推測できる。項目を五つに分け、数字を示しながら詳細に分析し熱のこもった提言をしている。

一、華族に北海道開拓の義務を負担せしむること。
一、集治監開墾地を屯田兵に譲与すること。
一、道路の開鑿《かいさく》。
一、農産物の販路を開通し並《ならび》に保護すること。
一、北海道土地無代附与のこと。

内容について大まかに紹介すると、

一、華族に北海道開拓の義務を負担せしむること。
維新以来、政府が華族を手厚くもてなしている理由は、その地位・生活に満足して遊興に耽るためではなく、国家の為めに身刀を尽し、朝廷厚恩に酬いてもらうためである。その一つに、北海道ほど華族が率先して移住し、産業を起こすのに適した場所はないだろう。また移住が無理であるならばお金を出して、「開拓の不足を補充すれば開墾殖民が進歩するだけでなく、華族の産業も堅固なものになるだろう」。さらに士族移住者の惨状を訴え、「士族は皆華族諸君の旧臣なり」、それを救うは華族の義務であろう、と怒りをおさえながら冒頭に記している。

一、集治監開墾地を屯田兵に譲与すること。

屯田兵は一つに北門鎖鑰《さやく》（出入りの要所）を護り、一つは北辺の荒廃した地の開墾者になるためである。ところが従来の移住民は樹林地を避けて蘆葦の繁った平野に就いているが、樹林地こそ「千古落葉堆積して重層を致し自然の肥料を為すに因り、土壌極めて膏腴《こうゆ》（地味が肥えている）なり」。樹林の伐木は開拓のなかでもきわめて困難事であるが、それ以前に烈寒の気候に四国九州五畿の移住者は気力を失っている。そこで三、四年の経験をしている集治監囚徒に伐木をさせれば、住民はただちに耕作に従事できるから便利である。その耕地には、二、三百戸の屯田兵を置いて村をつくり、家屋は伐木から新築まですべて囚徒の手によって作らせる。その開墾費また小屋掛費等は国庫費より支弁される屯田兵移殖の費用の内から集治監の収入とすればよい。

さらなる利点は、集治監囚徒が逃走したとき、司獄官吏は防御しているが、周辺良民にも被害を与えることもある。もし一〇キロ以内に屯田兵営を新置して往来していれば、非常のとき一声かければ救兵となって鎮静してくれるだろう。これこそが集治監の受領する利益の一番である。「以上利害損益炳然《へいぜん》として火を観るより明なれは切に此の決行を希望す」

一、道路の開鑿。

農事を目的とした移住者が言うに、いかに肥沃の土地でもいかに良好の穀菜を作っても、道路がなく流通販売に苦しんでいると聞く。北海道開拓の事業において目下一大急務は道路を開鑿して運輸交通の便を開くことである。

この事業を起こすには本道に派遣される囚徒を雇役して、その費用を減省することが最も便宜である。道路が開鑿されれば、通信運輸の不自由を理由に移住を忌避する者はなくなるだろう。

一、農産物の販路を開通し並に保護する事。

「今や開拓の状況は肺患の人の僅に身体を支へ得るに斉し」。瀕死《ひんし》の農業者を保護するため、政府は売れ残ったものを買い取るか、また価格に応じて内金を貸与して品物を預かるかすべきである。また大小麦その他穀類は、官庁や集治監府県監獄等に供し、麻苧《あさお》（麻糸）類は造船所等に売却する方向を定めてほしい。

「一つ海産税を以て耕農保護金に充て尚不足あらは国庫より之を支出せられんことを欲するなり」。幾分か高価になっても北地の開拓を補助することになると提案。

一、北海道土地無代附與の事。

フランスの法によれば、「島地に還されたる流徒刑囚は殖民の名儀を以て土地を貸与し五年の後地主証書を与へて全く付与す」とあるらしい。北海道も土地売貸規則があるが、地価と云っても無きに等しく、地券を附与して私有地の証を与えるに過ぎない。なかには十数万の坪数を独占しながら相当の開墾をせず多年放地して荒蕪に委ねる者がいるため、開墾が進まないでいる。その土地を引き上げて、希望する者に貸与するべきである。

明治九年九月の太政官布告地所規則に、「三カ年間に開鑿する土地については地券を渡し地代を納めなくてもよい」とあり、この意を拡張して「開墾の年限・売買の禁止」などを定めれば、何人にかぎらず附与する制に改定すべきである。

以上五項目の一つ一つに詳細な説明と金額の計算を提示し、意見を述べている。典獄の立場というより企業経営者の性格がつよく、囚徒は社員であり、仕事を拡大して収入の道をさぐっているかにみえる。

この「北海道開拓意見書」（北海道立文書館蔵）には、潔本人が作成したと思われる「樺戸集治監沿革畧記」が添付されている。末尾に月形村の紹介を付しているのは、開庁からわずか三年余で成し得た開拓の実績を示し、意見書の裏づけを示したのだろう。

道路開鑿に囚徒を使役することは潔が提案し、金子堅太郎の復命書に至ったと言う人もいるが、この意見書を読むかぎり、囚徒を「消耗品」とみなしているようには感じられない。むしろ国と屯田兵を含む移住者と集治監囚徒の三位一体で、北海道開拓の推進を図るのが最良の施策であると提案しているように思える。

たとえば農事役囚増食支給を乞う伺書を出したのは、明治十八年一月十九日である。農事は明け方より深夜に至ることも多く、常食の外に強食一飯を支給してほしいというものだった。しかし経費中で支弁せよと却下される。

さらに、潔は出獄した囚徒が入村を希望すれば、放免後の更生手段として集治監開墾地を貸し与えたというが、次のようなエピソードが伝えられている。

「ある放免の日、囚徒からこれを望む者があり、月形潔は『女房を捜して来たらすぐにでも貸下げてやろう』と答えたところ、男の一念とでも云おうか、余程上手に口説いたものか、さっそくその日の中に女を連れて来て『結婚したので頼みます』と云って来たそうである。月形は苦笑しながらこれを許したという」（『北海道行刑史』）

熊谷正吉氏の記憶では昭和十五年くらいまで、村には七、八人の放免囚が定着しており、「一般の住民より責任観念が強く、義理がたいと評判がよく信用があった」という。放免時はすでに高齢に達しているため結婚しても子がなく、一代限りである。住民のなかには無籍の放免囚を自分の戸籍に入籍させる「附籍」を行い、更生を手助けしている人もいたという。「放免者に対する深い理解と同情心のあらわれと思われる」と、当時の寄留戸籍簿を見た熊谷氏はひどく心を動かされたと語る。

第一回監獄事務諮詢会

明治十七年、暮れも押しせまった十二月十二日、内務省から全国の各監獄の典獄または副典獄を召集して、「監獄事務《かんごくじむ》諮詢会《しじゅんかい》」開催の通達があり、樺戸集治監からは潔が出席のため上京した。これはわが国で最初の内務省主催全国典獄会議で、現在の全国刑務所長会議にあたる記念すべき会議である。ちなみに第二回は、十年後の二十六年六月である。

「諮詢会」は十二日、内務卿（山県有朋は公事のため欠席）代理土方久元内務大輔、石井邦猷内務大書記官監獄局長、小原重哉内務権大書記官、ほかに説明委員三名（そのなかに樺戸集治監五代典獄となる長尾又輔の姿もあった）、書記六名。参加委員は内務省直轄の五集治監典獄、府県管轄の四十六カ所の典獄で、事故のため不参加の鹿児島・沖縄を除く五十一名で会議は始まった。

　会議召集の目的は、財界不況による貧困や自由民権運動の高揚で政治的犯罪が増加していること。明治九年の未決囚は二万三二六八人、十四年三万六九四〇人、十六年五万八一三七人、十七年七万二〇一九人で、それにともない経費が増大して国家財政を脅かしていることが説明された。いまや監獄費が徴兵費を上回るまでになっていたのだ。また国庫で運営される集治監以外の各府県は、地方税で賄われているため、その財政状況によって囚徒の処遇に落差があることなど、監獄行政の見直しが迫られていたことから、内務省は、現場で監獄運営に携わっている各委員の忌憚のない意見を聞き、監獄改良の参考にするのが目的だった。

まず五十一名の委員はクジで名前の代りに番号を決め、さらに六班に分けられ、各班から一人の幹事が選ばれる。潔は五集治監と兵庫仮留監の第一班に属し、幹事に指名された。

監獄側については、明治五年十一月に、初めて全国統一の「監獄則幷図式」が頒布され、「獄トハ何ソ罪人ヲ禁鎖シテ之ヲ懲戒セシムル所以ナリ　獄ハ人ヲ仁愛スル所以ニシテ人ヲ残虐スル者ニ非ス人ヲ懲戒スル所以ニシテ人ヲ痛苦スル者ニ非ス　刑ヲ用ルハ己ヲ得サルニ出ツ国ノ為メニ害ヲ除ク所以ナリ獄司欽《つつしみ》テ此意ヲ体シ罪囚ヲ遇ス可シ」（矯正図書館蔵）と、懲役感化の仁愛精神に貫かれた内容だった。

ところがその施行については内務省と大蔵省の対立で凍結されたままになり、ようやく十四年九月に「改正監獄則」が発布されたのだが、残念なことに行刑目的と処遇方針を明示しておらず、さまざまな問題点が浮上していたのだ。そこで「導化と労作」による犯罪者の改善という感化主義にのっとり、「猛省熟慮しなければならない」と山県内務卿は指示を出したと説明があった。

事前に十二項目の諮問事項が提示され、八日間に分けて意見交換が行われた。議論が白熱したのは第一項の「定役《じょうやく》」についてだった。強制処遇の一環とするか、刑罰として苦痛を与える手段か。この定役に関して潔は、「強者には強役を賦し、弱者には軽役を課すると定めればいいのでは」と、感化主義をとる。しかし、毎日その判断をするのも困難だろうと言葉を濁した。この項については、矯正は時間と経費がかかるという問題点を浮き彫りにしたまま、結論はでなかった。諮洵会の最終日、「典獄の勉励御慰労の為」に、石井監獄局長主催の午餐会が鹿鳴館で開催された。五十一名の全国の典獄と内務省官吏など総勢七十名が、一人四円の西洋料理の饗宴を楽しんだという。

終了後、各典獄は途中の府県監獄を参観しながら帰路についた。

明治十八年春、潔は内務卿宛に報告と意見を率直に書き送る。集治監の今後の目的を明確にした意見書（月形樺戸博物館蔵）であるが、その内容を追ってみたい。

「明治十五年より目的を農業だけに従事する。現今開成の田圃五百余町だが、将来は一千町歩をもって本監の田圃となす目的であるが、この地を仮出獄または免幽閉となった者に貸与するか、或は人民の借地を請願すれば払下げたい。是の二個の問題たる、大に北海道集治監の目的に密接の関係を有するものなり」

さらに続けて北海道にある集治監が徒流刑者を捕らえて検束し、逃亡を防ぐためだけならば、千島列島の孤島に拘禁すればいい。しかし囚徒を使役して荒廃した土地を開墾し、市街落村を成す目的で成立した集治監ならば、単に検束の一点にのみ偏り、監獄則にこだわって事業の改良をしないのは、目的に向っていないのではないか、と疑問を投げかける。

本監は創立以来、当別村と本監の間に移住する者も少なくなく、この勢いでは三年内外で、本監の近くまで及ぶだろう。そうすれば、本監をさらに石狩川上流に移してはどうか。このように三、四百戸もの家族が定住し、二、三千町歩の田圃を耕作すれば、仮に集治監をよそに移転することがあっても、「月形村の繁盛は、永く北海道と共に開明冨饒に赴くべし。況や、集治監の設置しある間は、石狩河南に於て、北海道第一の都会をなすに至るべし」（同）

従来のままでは、実情に適さないばかりか利することもないだろう。

「北海道集治監の目的は、開拓殖民に在るを以て、今日より着々其方向に進路を取り、以て改良を図らんと欲する所以なり」

と潔は必死に集治監の開庁当初の設置目的を訴えている。いや、内務省の懲戒主義への流れに抗っているかのようだった。この建白書を読むかぎり、月形典獄と内務省の方針が食い違ってきているように受け取れる。内務省はすでに囚徒による道路開削に方針転換し、樺戸集治監にも命じていたのではないだろうか。

潔が意見書を上申した直後、六月二十五日付で内務省の機構改革が発表され、監獄局は廃止されて集治監は警保局の管理となった。

そして七月二十七日付「典獄月形潔非職被仰付ノ事」と内務卿伯爵山県有朋名で通達が届き、潔は突然非職となり八月二十日、樺戸を去ることになった。監獄波止場から船に乗る月形潔を、村人は手を振り泣いて別れを惜しんだという。囚徒たちが刑期を終えて樺戸を去るとき、何度もふり返り見たという対岸の楡の木を、潔もまた瞼に焼きつけていた。

これまで結核による病気退職とされているが、先の意見書は情熱にあふれ、やる気も満々で、将来構想も明確に提示しており、任務に耐えられないほど病弱さは感じられないのだ。四年の在任中に九十五万坪余の開墾地を残し、潔は月形村を去って行った。

八月四日、山県有朋内務卿は各集治監典獄に宛て、

「抑監獄の目的は懲戒にあり、教誨訓導以て防遏遷善《ぼうあつせんぜん》の道に誘うべきこと素より司獄の務むべき所なりと雖《いえど》も、懲戒駆役堪え難きの労苦を与え、罪囚をして囚獄畏るべきを知り、再び罪を犯すの悪念を断たしむるもの、是れ監獄本分の主義なりとす」（姫嶋瑞穂『明治監獄法成立史の研究』成文堂、二〇一一年）

と獄政方針を大転換し、各県に「囚徒厳重懲戒の件」を訓示した。この訓示は「死の憲法発布」と評された。昨年末の諮詢会議から八カ月、そのときまでの感化主義から「監獄の目的は矯正ではなく懲戒にあり」と懲戒主義へ一変していた。

潔について当別出身の鹿野恵造は、看守をしていた二人の兄から聞いたと、次のように書いている。「月形という人は、罪人を扱うにもよくその人間の個性を重んじて、色々心を配ったようで、特別の技能を持った者には、自由にその腕を生かした製作などを許していたという」（『鹿野恵造回想録』）

後年、飯田實は「北海道の歩みと集治監」（網走監獄保存財団編『北海道集治監論考』弘文堂、一九九七年）のなかでつぎのように総括している。

「（当初の）三つの狙い（囚徒の隔離・開拓・定住）がもし達せられていたならば、行刑史上光輝あるものとなったであろうが、この点についての北海道の集治監の歴史は遺憾ながら失敗の歴史であったといわれている」

後任として送り込まれたのは、伊藤博文と同じ長州閥の安村治孝である。海賀は安村典獄と方向がくい違い、直後の八月二十四日に依願退職をする。海賀が再び集治監に戻るのは二十一年一月四日で、傭員の身分で囚徒の戒護指導にあたっている。

懲戒主義は二十六年七月に改良主義に変わるまで続いた。三十三年七月、集治監は警保局から司法省に移管され、四十一年監獄法が制定され今日に至っている。樺戸集治監が廃止されたのは大正八年一月三十一日である。

金子堅太郎の北海道三県巡視復命書

月形潔が志半ばで惜しまれながら樺戸集治監を去るのと入れ代わるように、太政官大書記官金子堅太郎は、伊藤博文の命を受けて北海道巡視に出発した。七月から十月にかけて七十五日間道内を巡り、北海道開拓に関する七議の意見書を提出した。その一つに、「集治監ノ囚徒ヲ道路開鑿ノ事業ニ使役スル事」の一項があった。札幌―根室間の道路開削の急を訴え、「札幌及び根室二県下に在る集治監の囚徒をして之に従事せしめんとす、彼等は固《もと》より暴《ぼう》戻《れい》の悪徒なれは其苦役に堪えず斃《たおれ》死するも、尋常の工夫《こうふ》か妻子を遺して骨を山野に埋むるの惨状と異なり、又今日の如く重罪犯人多くして徒《いたづ》らに国庫支出の監獄費を増加するの際なれは囚徒をして是等必要の工事に服役せしめ、若し之に堪へす斃れ死して其人員を減少するは監獄費支出の困難を告くる今日に於て万已むを得さる政略なり」(『北海道集治監論考』)という厳しい内容だった。

道路開墾は重労働で一般の工夫では耐えられないが、賃金も囚徒であれば半分以下ですみ、その上死ねば監獄費が減少し一石三鳥であるということだ。悔悟の日を待って、これを土着させようとすることは、重罪犯を懲役する効果はないだけでなく、政府の得策にもならないと、放免囚の生業をも視野にいれた潔の考えを、まっ向から否定するものだった。

十八(一八九五)年十二月、伊藤博文を初代内閣総理大臣とする内閣制度が発足し、翌年一月新しい人事制度を発令。同時に北海道も三県一局時代が終わり、一月に北海道庁が設置された。集治監も内務省から北海道庁管轄となり、「監獄署」と改称される。北海道庁初代長官に岩村通俊が就任すると上川開発を北海道開拓の第一目標に据え、樺戸集治監典獄の安村治孝に囚徒を動員して上川仮道路(現国道十二号線)の開削を命じた。四月には内務卿山県有朋が「苦役本分論」を訓示し、囚人道路の強行を激励する。安村は十九年五月十九日から月形－峯延間の泥炭湿地帯に、延長十六キロの直線道路建設に着手した。測量は夜間に達布山と丸山の双方から狼煙を上げて目標とし、一直線に工事を進めた。

難所であると副典獄桜木保又らが指摘していた神居古潭から旭川間も、安村は「どんな難所でも、囚人を使ってやれば出来ないことはない」（「上川出張日記」）と、約九十キロの上川道路を四カ月足らずで完成させた。しかも工事費も予算の一割強を残したという。あまりの難工事に逃走する囚徒も多く、工事期間だけでも五十人余が捕らえられて斬殺されたという。

金子堅太郎は潔より六歳下の嘉永六（一八五三）年生まれ。旧福岡藩足軽の身分だが、藩校修猷館きっての秀才だったという。明治四年旧藩主黒田長知に随行して、米ハーバード大学に留学。学友だったセオドア・ルーズベルトの縁で、日露戦争では講和実現に尽くしている。十三年元老院出仕、伊藤博文の側近となり、大日本帝国憲法の草案を井上毅を中心に伊藤巳代治と作成した一人といわれる。地元福岡では、「憲法はおれがつくった。日露戦争はおれが片付けた。修猷館はおれがつくった」（福岡シティ銀行編『博多に強くなろう』第二巻、葦書房、一九八九年）と自慢話ばかりしていたらしく、九州人には評判がよくなかったようだ。

明治十九年二月十日、樺戸集治監本庁が二階の宿直員詰所から出火し全焼する。まるで月形潔の描いた定住授産策の理想と四年の足跡を消し去るかのように灰にしてしまった。三月には剣道師範の永倉新八が辞表を提出。四月には藤田組贋札事件の真犯人とされた熊坂長庵が病死する。毒殺かと噂が流れた。

翌二十年には囚徒のほとんどが道路開削や橋や家屋の建設に従事し、農園の世話をする余力はなくなってしまった。知来乙農場は北越殖民社（北魚沼関矢孫左衛門）、北農場は土田政次郎（大倉組支配人）に払い下げられ、月形村の集団移民の町づくりが始まった。樺戸集治監は農耕開墾時代を終わり、道路開鑿の時代へと移っていく。

免官と位記返上

明治十八年七月末に樺戸を去った直後の月形潔の足跡は定かではないが、東京にしばらく住んでいたのではないかと思われる興味深い記述が、『大いなる歳月　建部の系譜』のなかにあった。建部とは十六年に樺戸集治監へ潔を訪ねてきた旧福岡藩士建部彦麿の家系のことで、十七年九月三十日函館師範学校付属小学校を卒業した長子昇太郎の証言によると、「神田の共立中学校に入学と同時に、吾嬬《あづま》橋の月形の家に書生として住み込んだ。昇太郎の仕事は共立中学から帰ると毎日一回本郷の帝国大学の分析室に薬品の注文をとりに行くことであって、書生というより薬問屋の小僧といったところであった」とあり、話も具体的である。潔はすぐに福岡に帰らず東京で薬問屋のようなものをしていた可能性は高いと思われる。その後昇太郎は、父彦麿の経営する北海道壮瞥の農畜業を手伝ったのち、留寿都《るすっ》に大農畜業を営み、その後、北海道炭礦汽船株式会社に勤務したという。

翌十九年四月二日、非職となった潔を追いかけるように再び、内務大臣山県有朋名の「免本官」の辞令を受け取った。それは典獄の役職として規律を遵守せず、政府に損害を与えたとして、懲戒免職処分とする内容である。その理由として四つの罪状が挙げられていた。

別紙非職典獄月形潔免官ノ件
上奏書進達ス
明治十九年四月二日　内務大臣伯爵　山県有朋
内閣総理大臣伯爵　伊藤博文殿

非職典獄月形潔免官ノ件
非職典獄月形潔
免本官

一、汽船樺戸丸建造ヲ誘導スル為ノ樺戸集治監用達楽産商会ノ本監需要品買上代償幷《ならびに》物品運搬費ノ前借トシテ金六千円ヲ貸与シ右償却ノ目途難相立ニ依リ第八銀行株券ヲ抵当トシテ貸付金ト為シタル事
一、囚徒使用方ヲ改正シ不用ト為リクル素品即チ代価九千四百八拾六円余ノ物品ヲ楽産商会へ払下ケ右金額ノ内三千七百七拾四円延期上納ヲ聞届ケタル事
一、十七年度本監経費金五千四百四拾九円ヲ以テ官舎二十四戸ヲ新築シタル事
一、本監吏員ノ醵金《きよきん》ヲ以テ会議所ノ新設シ遂ニ其目的ヲ達スル能ハス千九百二拾九円余ノ官費支給ヲ仰クニ至ル事

右樺戸集治監在職中前書ノ件ニ当省エ稟請ヲ経ス専断処行シ遂ニ収拾スヘカラサルニ至ル其怠慢不注意事ニ害アルノ甚キモノナリ是レ畢意紀律ヲ遵守セサルノ致ス所通常過失ノ比ニ非ス一般ノ取締上ニ関係少カラサルニ付懲戒例ニ依リ頭書之通命セラレ度謹テ上奏ス

免官処分内容について月形潔の言い分の有無は不明だが、公金流用の罪である。しかしその内容は、樺戸丸の建造や運搬費、官舎や会議所の新築などで、やむにやまぬ出費であったことは明白である。囚徒の増加にともない官員も増員されており、開庁時には一四二人だった官員も、三年後には二一九人と増加しているのだ。官舎を新築せずしてどこで生活しろというのだろうか。

その後、集治監御用達は楽産商会から大倉組へと移った。

ふるさとへ

九州鉄道会社発足

明治十九（一八八六）年、免官と同時に「位記返上」も命じられ、三十九歳になった月形潔はここに無官となって野に下った。四月五日付官報八二四号に潔の「免本官・位記返上スヘシ」の辞令がのる。

ふるさとへ戻ってこれからは静かな余生を送りたい。妻に苦労をかけた分、睦まじく過ごして行こうと心平らな心境になっていたのか、その年、潔はふるさとの福岡へ帰ってきた。ところが、いざ福岡へ戻ってみると、前年の凶作で飢餓に苦しむ人々が路上にあふれ、食べ物を乞う姿があった。その光景を目にした潔は黙って見過ごすことを許さなかった。有志で義捐金を集めて済貧授産場を設け、難民のうち体力のあるものは道路補修用の砂利採りで働かせ、女たちは麦藁《ばくこう》組成所《そせいじょ》に就労させて自立支援を図る。潔は急速に多数の女工を抱えた組成所の運営にも加わり、集治監で培った経営力を活かすことになった。筑前麦藁組成所では、畑に放置された麦わらを精製して帽子の原料を作り外国へ輸出していたが、発案は結城寅五郎である。結城は潔より一回り下という関係もあり、相談役的立場で協力していた。

そのころ福岡では、鉄道敷設の気運が再び盛り上がっていた。もともと福岡で鉄道敷設の声が上がったのは明治十四年十一月ごろで、東北地方に日本鉄道が設立されることを知った人たちが、「東北に遅れをとってなるものか」と、翌年八月の県議会で「鉄道敷設につき調査する事」を決議する。物産運搬便否調査委員会という奇妙な名前の調査会を立ち上げて委員も決め、経費調達についても、県債分は県議会議員全員が立て替えると決め、具体的に動き出していた。十六年に門司－熊本間の鉄道建設を政府に出願したのだが、そのとき待ったをかけられたまま頓挫していたのだった。

一方の東北地方では財政脆弱な国には頼らず、十四年に岩倉具視が発起人となって民営の鉄道会社を設立して許可を取り付け、十七年には上野－高崎間が開通。十九年九月に宇都宮まで延長され、二十四年には青森までの全通をめざして工事は着々と進んでいた。それを横目で見ながら、福岡の関係者は切歯扼腕《せっしやくわん》し再起のときを待っていたのだ。

それが大きく動き出したのは、鉄道推進派である元老院参事の安場保和が十九年三月に福岡県知事に就任してからである。安場は十三年八月に、華族の出資による東北鉄道会社の設立構想を、岩倉具視に持ちかけた中心的人物で、前々から「鉄道の発達が産業振興の重要な鍵を握る」という信念を持っていた。

明治十八年十二月二十二日、伊藤博文を初代内閣総理大臣とする新しい内閣制度が発足した。総理大臣以下十名中八名を薩長出身者で占める藩閥内閣である。旧肥後藩出身の安場保和は翌十九年二月二十五日、福岡県令を任じられた。そのとき安場は、「県令受諾の条件として九州鉄道会社創立」を約束させたという。着任直後の六月十七日、「大事業である鉄道建設を民間の資金で行う好機である」と発起人を募り、潔にも声がかかったのだ。二年前に北海道を巡回し樺戸集治監で胸襟をひらいて話し合った安場から、九州鉄道会社設立の発起人となって、力を貸して欲しいというたっての要請である。潔は二つ返事で発起人に名を連ねた。安場の熱意はもちろんだが、潔自身も小樽・札幌間に開通した汽車を利用しており、その利便性を誰よりも知っていた。発起人が揃うとただちに安場は、九州鉄道敷設のための上申書を提出する。おどろくことに二十日も経たない翌月六日、九州鉄道の民設許可が閣議決定され、福岡の動きは慌しくなった。

その年の九月二十八日に博多祇園町の萬行寺に於いて、九州鉄道会社創立会が開かれた。各郡区の有志、新聞記者、官員など二四〇名が参加し、門司－田代間の敷設案は了承される。福岡県議会は多数派である民党（反政府政党）が安場知事に対しことごとく反対の立場をとり官民一体の運動は進まなかったのだが、「福岡にとって鉄道問題は党派を抜きに全員が力を尽くし進んでいた」（山中立木「奮福岡藩事蹟談話会筆録」〈『筑紫史談』四十一号〉）。安場は佐賀・熊本両知事らとも積極的に話し合いを進めた。福岡で吏党の安場知事を裏で支えたひとりに、地元にも中央にもパイプをもつ潔の働きがあった。

ここに潔が東京で奔走したことを裏付ける、一通の極秘の手紙が残されている。十二月四日付で福岡の八重野範三郎、進藤喜平太、武井忍助に宛てたものである。八重野範三郎は熊本県の庶務課長兼学務課長、東京で杉山茂丸（夢野久作の父）の世話をしていた人物で、安場知事の側近である。前年に杉山茂丸と頭山満を会させたのは八重野である。進藤喜平太は玄洋社幹部であり、武井忍助は福岡県官吏で安場県知事の下に勤務。その三人宛てに「極秘扱」と記された周旋報告である。毛筆長文のため不明な部分も多々あるが、裏面史として貴重なので全文を紹介しようと思う。

〔封筒表〕
福岡
八重野範三郎殿
進藤　喜平太殿　　極密披
武井　忍助　殿

〔封筒裏〕

東京元数寄町壱丁目
壱番地　土井錦方
封　　　月形　潔
十二月四日朝認

拝啓　各位御清適奉賀候、扨当地ニ於テ咬菜翁其他ト内儀周旋ノ始末左ニ列記及御内報候間、御地ニ於テモ十二分ノ御尽力相成度、則時々状況御内報アレ

一、◯◯進退ノ件ハ習頭ニ西・品両氏ヲ説キ、次テ高嶋子ヲ説破シ、其他ハ大木伯等も間接心配スル事ニ相成候、然ルニ初メハ本県代議士連モ十分執心セス、古荘・佐々辺モ内援遂ニ何連も一致協力、一方ニハ表面内務大臣ニ相迫り、一方ニハ西・大・品等ノ諸君より内部刺撃ノ手続相定専ラ運動中ナリ、高知県ノ近例もアリ、是非素志ヲ貫ク見込ニ付、其地ノ運動不必要ト存候、綿貫も昨日急ニ出発帰県仕り、委細御聞取被成候、頭山も既ニ心配奔走セリ

一、咬菜翁より御申越候新聞ノ件ハ頭山・小生トモ御意見ニ異議ナシ、依テ咬菜翁より牟田へ返信候事ニ相決、一両日頭山・小生より川村ヲ説得シ、折角本人モ現職ヲ動クノ計画中ナリ、併し川村ハ当分爰元と内外奔走スル方利便ニ付、時機見合是非其地へ赴候様可致候間、其地新聞改良ノ御手配可被成候、尚咬菜翁よりも八重野君迄通信相成候筈

一、久留米銀行より借入金ノ件又々咬菜翁え対シ谷より厳ナル督促書ヲ投シタリ、右ハ曾テ同行重役佐々等より咬菜翁迄申出ルニ、他ニ谷カ借金アリ、其抵当トシテ書入アル田地ハ十二分ノ抵当故、之ヲ割キ儀式的ニ右咬菜翁名前ノ抵当ニナシ呉レ候様との事ナリ、暫ハ諸君御申合、谷へ御説得被下度候、是亦咬菜翁より委敷通牒ノ筈

一、右金策ノ件ハ西伯及咬菜翁等大ニ尽力、要所々々御内談相成居候、小生も指示ニ随ひ奔走罷在候、又松方伯帰京ノ上ハ大ニ便利ヲ得ル事ナリ、願クハ同伯ノ帰京ヲ相待居候、右ハ秘中ノ秘中、御三名ノ外ニ決シテ漏洩セサル様相願候

一、八重野君より相願候吉田恒次郎ト申者何方ノ巡査ナト採用方御尽力被下度、同人物ハ進藤君御承知ノ通大原より頭山へ申出、頭山よりも相願候、彼是御□□被下度候

一、小生も出発の際少許□□□急ニ上京、着後直ニ調金ニ着手候へとも大口不相運上ニ少位ノ金策ハ却テ不都合之事倶有之、依之一時綿貫え繰替サセ候手筈ナリシカ、是も急ニ帰県之事ニ相成、小生も頓ト運動費差支困難ノ極、就而ハ綿貫帰県之上ハ尚諸君よりも御打合、至急百五拾円斗御調御送金被下候様御尽力奉願候、右金策相運候上ハ必返済之目的有之モ、兵糧ナシニテハ一歩モ運動難相成事情ニ御諒察可被下候

一、昨日来数寄屋町壱番地土井錦ト申候宿屋ニ転宿候、節倹ヲ主トシタリ、併し是迄ノ体面もアリ、余りきたなき振も出来カタキ段ハ御推察被下候

一、議会ノ有様ハ新聞紙上ヲ御参観アレ、今度ノ戦争ハ未曾有ノ珍事相発、我党ハ却テ

反対ノ地ニ立候勢ニ移り、彼自称民党連カ内輪ノ有様ニ政府ノ政策等全く兼テノ推察通ニ相成候、此件ハ両三日中更ニ御詳報可申上候、終リニ一言スルニ、我党ハ七拾名乃至八拾名丈ハ足並ヲ揃ヘ其ノ中立運動ヲナスノ決心ナリ、郡・津田も御入社ニ相決、既ニ其儀式モ相済候、右件々ハ極秘計ニ付、決テ他ニ漏洩セサル様重畳御注意奉願候、小生も日夜寸暇ナク為ニ極究等御推読被下度候、

草々頓首

月形　潔

十二月四日

八重野老台

進藤　老台

武井　老台

追テ其地ノ景況ハ当地運動上大関係アルニ付時々御報道被下度候、何も綿貫着県之上ハ直短被下度候

「西・品両氏ヲ説キ、次テ高嶋子ヲ説破シ、其他ハ大木伯等も……」

つまり西郷従道（または西安二郎）、品川弥二郎、高島鞆之助（または高嶋絹之助）、大木喬任など、説得して協力をとりつけ、表から内務大臣に迫り、内部から刺撃する手続きを決め

て運動中である。そちらでも十二分にご尽力いただきたく、「時々の状況を御内報アレ」と、福岡との情報交換を促しているのだ。また久留米銀行からの借入金の件について、二日市の名家谷彦一と話をすすめている。委細は咬菜翁（安場）より書面で通信、とある。また金策の件は西郷伯と安場等が大いに尽力され、要所要所で内々に進めており、松方伯の帰京待ちである。

さらに興味深いのは、「今回の議会での戦争は、」に続く、「未曾有ノ珍事相発、我党ハ却テ反対ノ地ニ立候勢ニ移り、彼自称民党連カ内輪ノ有様ニ政府ノ政策等全く兼テノ推察通ニ相成リ候」の箇所である。この内容に関してRKB毎日記者の松本卓士氏は、「民党の玄洋社が官の代表である安場保和（咬菜）と協力して事をすすめていることがわかれば、たしかに大騒動となったであろう。玄洋社が方向転換していたことを証拠だてる、玄洋社研究上の貴重な資料である」と読み解いている。

また玄洋社の機関紙である「福陵新報」発行の主筆として、「時事新報」の川村惇を説得したこと。川村は時期を見て福岡へ赴く予定であることも報せている。

手紙の中にはさりげなく、「兵糧ナシニテハ一歩モ運動難相成事情」と、潔自身の運動費として一五〇円ばかり送金を無心している。

この長い手紙には再三、「右ハ秘中ノ秘中、御三名ノ外ニ決シテ漏洩セサル様御願候」と念押しをしているのだ。

さて話を鉄道敷設問題に戻すと、月形潔らの東京での周旋成果を受けて十二月二十日に福岡・佐賀・熊本三県知事と三県委員が再び萬行寺に集まった。ところが先に開かれた三県委員会で、前回福岡発起人会で承認された門司－田代間の路線が無断で早岐まで延長されていたため、反対意見が百出して紛糾する。

「この鉄道は九州にとって一大事業だ。熊本の希望を少しいれて延長してもよかろう」

「いや約束が違う。勝手にするな」と、民党派はゆずらない。翌朝になっても話はまとまらず、その後に予定されていた三県知事会がいつまでも開けないのだ。二十四日になり、ついに安場知事は怒って席を立ち、熊本・佐賀二県の知事も立腹して帰ってしまった。このままでは一歩も前へ進めない。安場は当惑していた。山中立木の「奮福岡藩事蹟談話会筆録」（「筑紫史談」四十一号）によると、ことの一部始終を見ていた潔は、苦境に立たされた安場を座視することができなかった。潔自身はもちろん鉄道敷設に大賛成である。県民にとっても、いや九州ひいては日本にとっても、有益必要な大事業である。このチャンスを逃しては、取り返しのつかない悔いを残すだろう。潔は安場を訪ねて言った。

「拙者が同志を募って、必ず妨害者を抑制しましょう。ご安心ください」

安場は思いがけない援軍を得て、百万の味方を得た心づよさを感じた。樺戸集治監での潔の手腕を知っている。

「九州の民論が頑固で制御しがたいのは、要するに交通機関が備わっていないため文明の要点を理解しないためである」（安場保吉『安場保和伝』藤原書店、二〇〇六年）と安場は口惜しさを滲ませた。

潔はさっそく、県委員の一人ひとりを訪ねては、

「この状況を傍観すべきではない。力を合わせて、弊害を矯正しようではないか」

と熱く説得し、次第に同意者の数は増していった。勢いにのった潔のつぎなる作戦は、新聞など使って遊説して人を集め、一党を立ち上げて彼らと対決するというものだった。この案は事態を悪化させると周囲に反対され実現しなかったが、一途で行動的な潔の一面がうかがえるエピソードである。

潔らの援軍で力を得た安場は早急に態勢を立て直すため、「県下ノ有志者頭山満、鹿野淳二、月形潔、渡邊村男ノ諸氏を招キテ」（福岡市役所編・刊『福岡市史』第一巻明治編、一九五九年）善後策を協議し、今後の方針を話し合った。その結果、新たな委員を選出して出直すことで意見は一致し、明けて二十年一月八日、第三回委員会が開かれた。新委員によって路線延長は賛成多数で承認され、安場は一大難関をのり越えたのだった。

明治二十一年六月二十七日、外務大臣井上馨の推挙で農商務省商務局長高橋新吉が九州鉄道会社社長として就任し、九州鉄道会社が設立され、第一回株式総会が開かれた。潔の目を引いたのは発言権を持つ株主の有力者に、樺戸集治監建設の大倉組大倉喜八郎の名前があっ

たことで、民間資本が力をつけ、国を動かす中軸になったことを改めて実感するのだった。大倉組はそのとき楽産商会に代わり樺戸集治監御用達になっていた。

鉄道会社は設立されたものの重役選出の各県の割合をめぐってまたまた大紛議となり、熊本県委員は全員席を蹴って帰ってしまった。その帰りぎわに山中立木は、「滞福中世話に預かり」と熊本側から慰労のビール一打を受け取ったという。そのことを聞いた玄洋社の平岡浩太郎が、収賄の噂が広まっていると熊本側に話したことで、安場知事をも巻き込んだ大問題に発展した。

それを知って憤慨した山中は、「此の儘に捨て置き難く、之を詰責せんため月形潔を証人として同行」(『福岡市史』第一巻明治編)し、平岡方へ乗り込んだ。山中、平岡の双方とも譲らず一触即発の緊迫した空気の中で向き合っていた。潔は、事業成功の大事を説き、「つまらぬ争いを起こし鉄道計画を無にしてよいのか」と落ち着いた口調で平岡に迫る。ついに平岡は自分の誤解を認めて謝罪状を書き、熊本側にも伝えたことで一件落着をみたのだった。大きな修羅場をいくつも乗り越えてきた潔は腹が座り、相手に有無を言わせぬ大人物に成長していた。

その年の十月、一連の功績と手腕を買われた潔は、九州鉄道会社に入社し用地掛長に就任した。

用地掛とはその名のとおり、鉄道敷設予定地の確保であるが、これが予想以上に困難を究めた。村をあげて敷設に反対し、「会社の需《もと》めに応じた者は以後交際を断つ」（一八九〇年三月二十三日付「福陵新報」）と言い出す者までいて、やむなく別ルートに変更することも多々あり、やっと話がまとまっても、移転料の問題で苦労するのだった。なかでも大変だったのが、異常な地価の高騰である。

鉄道敷設のため土地を買上げるらしいという情報に、いち早く駅予定地とその付近の地価が高騰した。二十一年十二月二十三日付の福陵新報に、「疾風迅来の勢ひより金の勢力位驚き入りたる物はなしと、今更仰山らしく言ふまでもなき事ながら、（略）つい三十日前迄は馬捨場（場末の意）と呼び着たりし所なるに、昨今工事着手するや否や、さしもの馬捨場も一変忽ちに黄金の場所となりしは先づ近来の壮観なり」（『福岡市史』第一巻明治編）と報道された。

潔は用地担当として筑後・佐賀・熊本と精力的に跳びまわり、疲労困憊だが家に帰る時間もなかった。幸い予定地沿線には温泉も多く、高橋社長共々療養もかねながら、筑後船小屋温泉の宿から出勤する毎日が続く。

二十一年は懐かしい人たちとの再会が重なり、潔は久しぶりに穏やかな日々を過ごした。三月に金子堅太郎を迎え、安場をはじめ十余人が集まり懇親会を開く。出火で全焼した修猷館再建を旧藩主黒田家から依頼されての帰福だという。潔は金子と久しぶりに顔を合わせた。金子が北海道巡視をする直前に意見交換したのが最後で、あれ以来、樺戸集治監も様変わりしたと聞いていた。積もる話もあったが、それどころではなかった。またしても安場と反対派が激論となり、「折角の懇親会も全く殺風景」（「筑紫史談」四十三号）に終わってしまったのだ。

七月に入ると旧藩主黒田長知が来訪するというので、山中を委員長に潔らは、在福博の旧藩士に呼びかけて、歓迎の祝宴を設けることになった。二十七日当日は午前に箱崎海浜に集合し鯛網曳きを船から観賞。午後は「皆松館」に移って祝宴となった。委員はそれぞれ役割分担をし、潔は山中と二人で長知公と一緒に食事をする陪食陪待役を仰せつかる。長知の来福の目的は修猷館の再建と旧臣民の人材育成にあった。庭を取り囲んで一万人近い市民も集まり、歓迎の拍手がまき起こった。夜は庭先で花火を打ち上げ池に仕掛けもあり、夏の夜のひとときを旧藩主と過ごす。

その後「修猷学会」が設立され、有志者に月形潔も名前を連ね資金募集に取り組んでいる。翌年四月一日、県立尋常中学校修猷館と改称され新たな一歩を踏み出した。福岡に戻った潔は県政と社交の主要人物として、その力を遺憾なく発揮している様子がうかがえる。

明治二十二年十二月十一日、ついに博多－千歳川（筑後川）間三十五キロが開通し、営業を開始する。レールの沿線には陸蒸気を一目見ようと、多くの人が集まっていた。そのときの人々は、

「時に汽車の通るや、沿道の民人はサア陸蒸気が来たと、屋外にはせ飛んで、眼を据えて

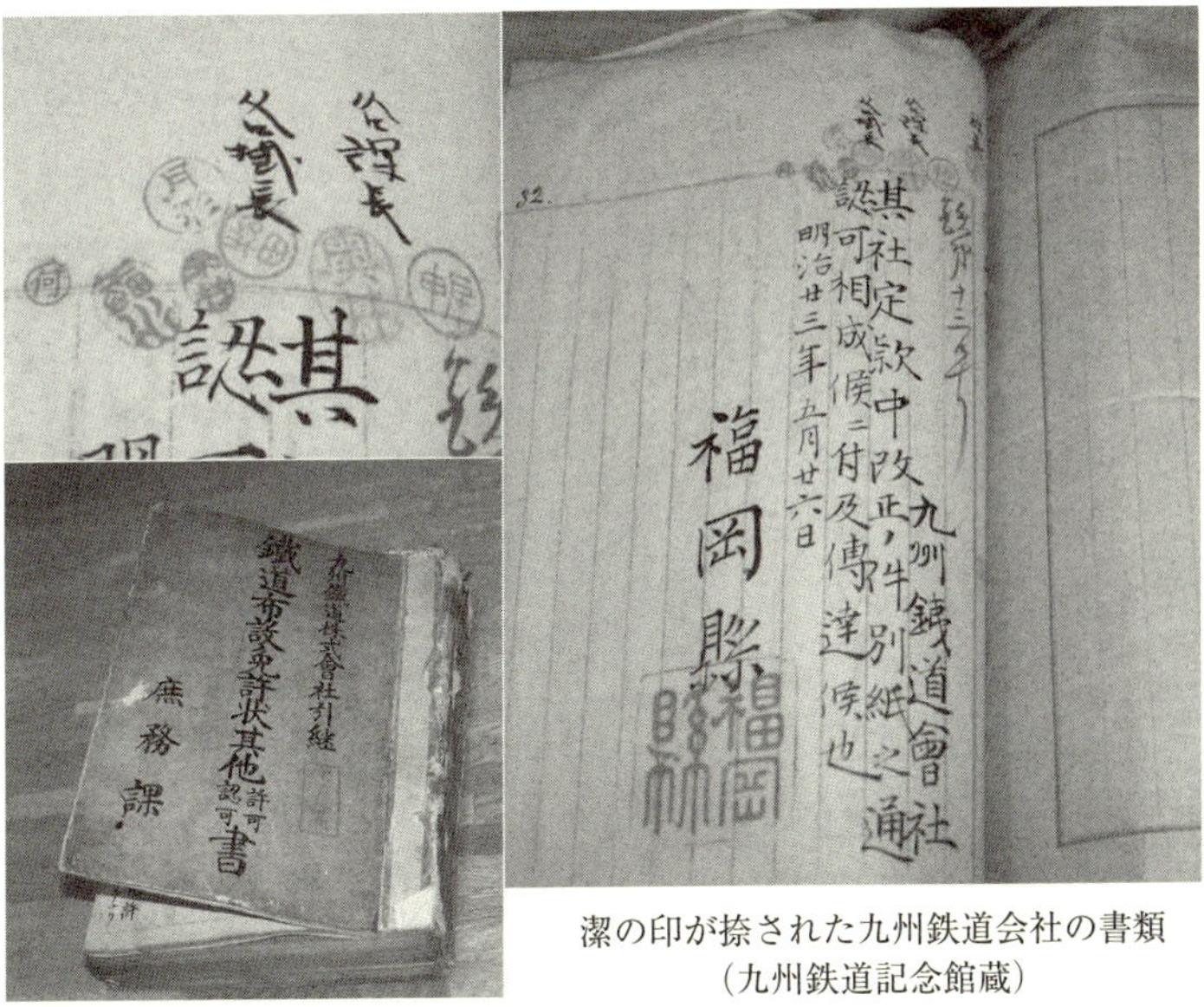

潔の印が捺された九州鉄道会社の書類
（九州鉄道記念館蔵）

熟視久し。汽車既に姿を失ふも尚感心してしまい、地より生えたるが如く、立って動かざりし」（『福岡市史』第一巻明治編）様子だったという。

筑豊の石炭搬出を目的に筑豊鉄道会社が設立されたのは二十二年八月で、九州の鉄道網は急速に広がっていった。

ちなみに、九州鉄道の社員名簿に潔の名はない。不思議に思いながらも、九州鉄道に関与していたのは明かなのだから、潔が九州鉄道の「社員」であることを確認できる物がないか探していたところ、当時の資料としてただ一冊残っている「鉄道布設免許状其他許可認可書」（九州鉄道記念館蔵）に、その名を見つけた。二十三年五月二十六日付九州鉄道定款改正に伴う国、福岡県の認可を通達する文書が保存されており、その書類に「月形」の認印が押されていたのだ。書類上部の空欄に社長印、課長二名印、そして掛長四名の印が横に並び、潔はひとりその上部に押印していた。他と並列扱いを許せない潔のプライドが伝わってくるようである。ともあれ、これで潔も社員であったと見ていいだろう。

三池集治監

明治二十三年十月二十八日、福岡県三池集治監二代典獄として赴任した渡辺惟精《わたなべこれあき》を、潔は安場らと博多駅に出迎えた。渡辺はその年の七月に空知から宮城集治監に転任後、わずか三カ月で三池に移動になったという。安場は十七年八月の北海道巡視の途次、樺戸集治監で月形と面談のあと空知集治監へ向かい、渡辺の官舎に一泊している。そのとき幌内炭坑や監獄内の職工所を案内され、タプコフ丘に登り石狩平原を一望した記憶が鮮明に残っていた。これから安場は、県知事の立場で三池集治監と関わることになるため、その挨拶でもあった。

潔は、美濃出身で警察畑を歩く渡辺の神経の細かさを知っているだけに、少し不安になっていた。福岡人とくに炭坑マンは気性が荒っぽいとされ、良くいえば豪快であるが、豪胆と言われた安場でさえ、議会で手こずり苦労するのを見てきた潔である。渡辺は少し疲れた様子だった。

翌朝、大牟田駅に着いた渡辺を、団琢磨《だんたくま》鉱山部長以下飾り立てた馬車部隊が出迎えたが、渡辺はそれを嫌って粗末な運炭車で三池集治監へ向った、というエピソードが残る。

三池炭坑の採炭は安政三（一八五六）年ごろに始まるという。柳川藩の藩営炭坑として、藩主鍋島直正はイギリスの武器商人であるグラバーと手を組み、上海、香港、シンガポールなどに石炭を売りさばいていた。明治六（一八七三）年、新政府は三池炭坑を藩営から官営にして、三潴県（現福岡県・長崎県の一部）監獄の囚徒五十人を運搬作業に使いはじめる。八年になると「工部省三池鉱山局が、大分、白川（熊本）、小倉、佐賀、長崎、福岡の各県監獄に対して囚徒の派遣を要請」（小野義秀『日本行刑史散策』矯正協会、二〇〇二年）。大分、小倉は拒絶するが他の県は五十人ずつの出役が課せられ、囚徒による本格的な坑内採炭労働が開始された。

明治十五年七月五日に幌内炭鉱の採炭を目的に空知集治監が設置されたことを知った工部省は、二千人規模の集治監建設を内務省に上申する。工部省は、産業近代化を進めるためのエネルギー源である三池炭坑の拡張を望んでいた。ところが内務省は、もともと九州・中国地区に建設予定だったのを急きょ空知に変更したため、すぐには設置予算が確保できないという。内務省にお金がないと知ると、工部省は巨額の建築費を負担する約束で建設に着工したのだ。

三池集治監は十六年四月十四日、内務省直轄の集治監として開庁。鉱業経営上の必要から全国でもまれな、採炭のみを目的として囚徒が送り込まれる集治監であった。

囚徒は出役するとき、赤い上下の囚人服に深編み笠を被り、素足にわらじ、六人一組で鎖につながれて獄舎から炭坑まで毎日歩いて行ったという。

「坑内で囚徒に課せられた労働は危険かつ無残なものだった。まずなによりも夥しい数にのぼる死傷者である。危険な坑内作業は落盤やガス爆発による災害に絶えず見舞われ、また狭い坑内ではトロッコや運搬馬との衝突事故もしばしば起こった」(『日本行刑史散策』)

坑内では逃亡のおそれはないと鎖は外されていたが、一日十二時間労働の二交代、カンテラの灯りだけが頼りの闇の世界、汚れた空気と熱気、あちこちで臭気を放つ排泄物の悪臭が充満し、ガスも発生するという生き地獄の環境だった。さらにノルマを達成できない者は食事抜きの罰が科せられた。囚徒は全国から次々と送り込まれ、二十一年には一六〇〇人に達している。

石炭は政府にとって経済はもちろん、政治的にも軍事的にも重要なエネルギー源だった。三池炭坑は十八年から二十三年まで海軍予備炭に指定されるなど、官営事業のなかで唯一黒字を計上するが、囚徒の病死、事故死、負傷者が続出。十七、八年には耐えられずに暴動や放火が発生している。

明治二十一年八月十八日、官営三池炭坑は三井が落札して民営となり、三井鉱山三池鉱業所となった。三井は引き続き囚徒出役を内務大臣山県有朋に願い出ると、すぐに了承される。

三井はつづいて福岡県知事に対して三池監獄の囚徒出役を願い出た。知事は安場である。福岡県議会からは「三池監獄ハ監舎食物共ニ疎悪ニシテ、使役甚だ重キヲ以テ囚徒ヲ殆ント役ニ堪ヘサルモノ如ク従テ病者ノ多キ他監獄ノ比ニアラズ」（「明治廿一年通常見会決議録」）と非難があがり、二十二年十一月をもって廃止の決議をしたことを安場は話した。人命救助の立場から囚徒の採炭使役の廃止を訴える意見書に対しても、三井側は「採炭作業は全身の筋肉を使って身体が壮健になり、死亡者も減少している。その上、国費の節減となり、再犯防止にも役立っている」（「解脱塔　囚人墓地の由来」大牟田囚人墓地保存会、二〇一三年）と一蹴した。金子堅太郎の復命書が出されて以後、それは炭鉱だけでなく「苦役本分論」は国の方針となっていた。

渡辺は三池集治監典獄に着任すると採炭使役の改革に取り組んだが、三井側とそりが合わず次第に健康を害していった。潔は渡辺の身を案じ九州鉄道の勤務の合間を見つけては三池集治監を訪ねたり、手紙を出すなど励ましている。明治二十六年一月十二日、渡辺は二年三カ月で退官し福岡を去った。ちなみに四代典獄は樺戸集治監五代典獄の長屋又輔である。

昭和六（一九三一）年三月に三池刑務所（旧集治監）が廃止され、四十七年続いた三井三池炭鉱囚徒出役は完全廃止となった。囚徒はのべ六万人を超え、死者は二四〇〇人にのぼるという。現在集治監跡地には三池工業高校が建設され、集治監の表門は正門に、周囲の高塀はそのまま学校の塀に使用されている。

第二回衆議院選挙

さて時代は少し戻って、萩の乱に呼応して桝木屋の獄に拘置されていた頭山満らは、西南の役が始まった十年二月、福岡に置いていては危険と判断されて山口の獄に移されていたが、西郷隆盛が自刃した日に釈放された。皮肉にも危険分子と隔離されたことで頭山満、進藤喜平太、箱田六輔らは命拾いをしたのだ。すでに西郷だけでなく武部小四郎も越智彦四郎も前原一誠も、この世にいなかった。頭山らは、武部、越智の遺志を継ぐことを期して、「開墾社」を設立する。その翌年五月に大久保利通が殺害された報を知り、頭山らは板垣が立つと信じて土佐へ飛んだ。ところが板垣退助は挙兵の考えはなく、武力抵抗から言論闘争の道を選んでいた。

福岡に戻った頭山らは自由民権運動を進めるため、十一年九月に「開墾社」を「向陽社」と改称。初代社長に箱田六輔が就いた。翌年十二月、

一、皇室を敬戴すべし。
一、本国を愛重すべし。
一、人民の権利を固守すべし。

の三憲則を掲げ、「玄洋社」と命名した。社長平岡浩太郎、副社長箱田六輔、参謀に頭山満。

平岡は明治十年に遠賀郡底井野村戸長を投げ打って福岡の変に決起するが破れ、単身西郷軍に合流し捕縛される。東京の獄で一年の刑を終え、ふるさとに戻っていた。平岡三十歳、箱田二十九歳、頭山二十六歳である。これまで玄洋社成立は十四年二月とされていたが、石瀧豊美氏の研究で十二年十二月であることが明らかになった。

頭山満を社長とする玄洋社機関新聞「福陵新報」は、「安場県知事の肩入れや全郡長が給料を割き献金するなど、資本はすべて寄付金でまかなって」（石瀧豊美『玄洋社発掘』西日本新聞社、一九九七年）発足し、二十年八月十一日第一号を発行する。その主筆は慶応義塾を出た水戸出身の川村惇で、潔が勧誘の交渉にあたり引き抜いてきた人物である。先の九州鉄道の周旋の手紙の中に、「頭山・小生より川村ヲ説得シ、折角本人モ現職ヲ動クノ計画中ナリ、（中略）時機見合是非其地へ赴候様可致候」とある。筑前麦藁組成所の結城寅五郎はその手腕を買われて、福陵新報の会計担当者となり、組成所は閉所された。

明治二十二年二月十一日、大日本帝国憲法が発布され、十二月に山県有朋内閣が発足。翌二十三年七月に第一回衆議院選挙が実施され、三百人の議員が選出される。十一月二十五日午前十時、アジアで最初の国会が開かれた。しかし絶対主義の藩閥政府と自由民権を掲げる野党との抗争がつづき、翌年五月六日、山県内閣は総辞職し松方正義が内閣を引き継いだ。

ところが松方内閣が提示した陸軍兵器弾薬改良費・砲台建築費・軍艦製造費・製鋼所設立費・鉄道国有公債案など、ことごとく野党の自由党・改進党に否定され、松方内閣は「国防のために軍艦を造り製鋼所を新設して軍備を整えなければいかぬ。これが日本の急務だ」〈「頭山満」〈「博多に強くなろう」No.61、西日本シティ銀行、一九九四年〉〉と内閣解散を行っての第二回の衆議院選挙となった。この選挙で民党であるはずの玄洋社が、民党を弾圧する先頭に立つのだが、その寝返りは先の九州鉄道周旋時の十九年には、すでに潔の手紙にも明らかであった。

玄洋社については、二十二年十月十八日、社員来島恒喜が霞ヶ関で外務大臣大隈重信に爆弾を投げ、その場で自殺。頭山らも検挙されるという事件があった。「維新の革命に立ち遅れて、薩長土肥のような藩閥を作り得なかった福岡藩の不平分子が、国士を以て任ずる乱暴書生どもを駆り集めたもので」(『直方市史』下巻、直方市役所、一九七八年)と、一般的には福岡旧藩士の過激派グループとみなされているが、成立当初は日本国憲法制定・国会開設を要求して果敢に政府と闘った自由民権派であった。その玄洋社が松方内閣に変わった二十五年二月の第二回衆議院議員選挙で、頭山のめざす「対外発展国威宣揚論」と、松方内閣の「軍事拡張論」は一致し、国事予算成立のために松方内閣を支持し、安場とも手を結び選挙妨害を行ったのだ。

二十五年一月総選挙の詔勅が下りると、内務大臣品川弥二郎は「天皇の政府に反抗した不逞な議員などを二度と議場に送り出さぬよう」(『日本の歴史21　近代国家の出発』)と地方長官に選挙干渉を命令した。官権と結んだ玄洋社員は白ハチマキにたすき掛けで刀を差し、野党本拠地を夜襲し、片端から叩きのめした。筑後川沿岸の各地で開かれる吏党、民党の集会は殺気立ち、「白刃がきらめき、ピストルが鳴響く」（小田部博美『博多風土記』海鳥社、一九八六年）乱闘がくり広げられた。「政情を知らぬ旧福岡藩士はその姿を見て、今度は官軍で御座すな賊軍で御座すな」（玄洋社々史編纂会編『玄洋社社史』玄洋社、一九一七年）と奇問を発したという。駆けつけた警察は「抵抗する者は斬れ」と、民党側ばかりを弾圧したという。

二月十一日投票が行われた。選挙の結果は吏党一三〇対民党一七〇で政府側の敗北となり、日本憲政史上の汚点となった。筑後川流域だけで死傷者二百人以上といわれる。福岡だけでなく高知・佐賀も激しく、全国で殺された者二十五人、重傷者四百人を出す流血選挙となった。

衆議院では選挙干渉非難決議が可決され、松方内閣を総辞職に追い込んだ。品川弥二郎は選挙大干渉を行った責で辞職。安場も責任を問われて辞職。この結果を不服とした玄洋社員は大挙上京して次々と暴力事件を起こし、ことの激しい成り行きに不安を感じた松方は、玄洋社員に東京外への退去を命じた。八月に伊藤博文内閣が発足。頭山らはこの選挙をさかいに政界に背を向けて、西洋列強の侵略にアジア諸国と手を携えて抵抗しようとアジア主義を唱え、活動の場を移していった。

『月形家一門』（長野遐編・刊『月形家一門』一九三七年）によると、「二十五年の総選挙に際会、玄洋社員として最も親交ある頭山満氏と聲息を併せ時の知事安場保和氏を助け政治に奔命大いに為すあらんとせしが」とあるが、選挙時の記録に潔の名前をみつけることはできなかった。しかし、頭山、安場の関係から十分にありうることかもしれない。潔と行動を共にした山中立木は、潔は、吏党・民党・玄洋社にも属さず「中正派」(「筑紫史談」四十二号)であったと評している。「福陵新報」の麦藁組成所移転の広告記事を見ても、玄洋社は潔の扱いを「社友」と表現している。

終章

明治二十六年になると、潔は体調がすぐれず、床につくことが多くなった。ときどき軽い咳も出て気だるい。休日の気分がよいときは庭に面した縁側で背を丸めて座り、ボンヤリすることが増えたという。四十八年の人生を振り返っていたのだろうか。

十七歳のとき二百七十余年つづいた幕政が倒れ、多くの武士の屍の上に明治という近代化社会が始まった。目まぐるしく移り変わる政治の仕組みや諸制度を受け入れながら、精一杯その中で生き抜いてきた旧士族の自負があった。なかでも北海道樺戸集治監時代の五年間は、潔の命のすべてを燃焼したといっても過言ではない。

目を閉じると、鬱蒼と生い茂る人跡未踏の原始林が見える。最初の一歩を踏み入れたのは忘れもしない十三年の五月五日だった。集治監が開庁したのは翌年の九月三日、村に名前がついた。月形村、潔の姓だ。「日に月に移住民繁殖し、農に工に商に産をこの地に営むものたち」（「北海道開拓意見書　月形潔」）がわずか三年余で官民総計「三百数十戸の多きに上レリ」。人口も二千人をこえ小学校、警察署、郵便局、村社など設け、病院も建設した。当時は札幌をしのぐ勢いで発展していたのだ。

　わたしは、と月形潔はふり返る。あの頃は小国の理想を追っていた。士族移住者も屯田兵も農民も、さらには刑期を終えた囚徒たちも、集治監の囚徒が拓いた耕地に種を播き、鶏や羊や犬が鳴き、子どもたちの歓声がこだまする、そんな豊かな国造りを目ざしていた。志半ばで果せなかったが、きっとかの地は緑豊かな瑞穂国になるにちがいない。

二男強を抱く潔（篠原澄子氏提供）

　潔は自分に残された時間がないことを、しきりに考えるようになった。妻イソとの間に律・脩・強の二男一女を授かったが、みな幼くして亡くしてしまった。樺戸集治監へ赴任のときは、生涯かの地に骨を埋める覚悟で、十歳の梓を養子縁組して連れて行った。十七年八月にはまだ二歳の満を養子としたが、二十二年六月二十七日六歳半の短い生涯を閉じた。

明治二十三年十二月七日に本家の恒に三男七郎が生まれ、養子縁組を願い出た。乙丑の獄で斬首刑になった月形洗蔵の孫にあたる。七郎が三歳になるのを待って入籍し、家に迎えることができた。

大晦日も近いある日、妻イソを枕元に呼んだ。十七年八月に月形村に移した戸籍を、「自分が死んでも戸籍はそのままに残してくれ」と念を押すと、イソは潔の手を握って頷いた。肩の荷が下りて安心したのか、年明けの正月八日午前二時十五分、幕末から明治の激動の時代を駆け抜けたひとりの藩士が、妻と子に見守られながら四十八年の波乱の人生を静かに閉じた。死因は結核であると伝えられている。法号淨潔院忠誉義徹居士。

翌九日の「福岡日日新聞」に潔の訃報が載る。

「同氏は兼て病気の由なりしが養生叶はず昨日死去せし由　同氏は會《かつ》て九州鉄道会社々員たりしが一昨年来玄洋社員と相提携し　政略に馳駆せり二豎《にじゅ》（病魔）のために逝く悼むべし葬儀は明十日福岡材木町少林寺に執行する由」

少林寺でとり行われた葬儀は旗や花が数十個も所狭しと並び、会葬者も境内の外まであふれていたという。市会議員をはじめ玄洋社社員、九州鉄道会社からは高橋新吉社長をはじめ幹部社員が参列し、「盛なる葬儀なりし」（「福岡日々新聞」）と報じられた。十一日付の新聞には、親族月形恒（洗蔵の長子）、島田逸郎（養子満の父）ふたりの連名で会葬御礼の広告が日である。

載った。

九州鉄道が門司－鹿児島間（現肥薩線経由）を全通したのは、明治四十二年十一月二十一日である。

その後イソは手内職をしながら幼い七郎を育てたという。七郎は三十六年に福岡県立中学校修猷館に入学、大正四年東大法科政治科を卒業。学費の援助は玄洋社の仲間、安川敬一郎の子第五郎がみていたという。安川は金子堅太郎の子息の海外留学費の援助もしている。昭和四（一九二九）年十月二十四日にニューヨークのウォール街で株式の大暴落があり、日本に波及して昭和恐慌へと連鎖する。街には失業者があふれ、七郎もその一人だった。七郎に福岡県遠賀郡若松市（現北九州市）の助役のポストを紹介したのは頭山満である。七郎について、「性謹直にして謙遜、いかなる大事を託されても、孜々《しし》（勤め励む）として事に当りて大過なからしむる丈けの熱心がある。尚君は現今その本籍を北海道樺戸郡月形村に置いて居る」（堂屋敷竹次郎『北九州の人物』下巻、金栄堂書店、一九三一年）とあり、その誠実さは市民に信頼されていたという。七郎・妻ツネヨの間には澄子・沍子の二女をもうけた。

妻イソは昭和十年十一月九日、八十三歳の天寿を全うする。生涯武家の娘として己を厳しく律し、襟を正した生き方だったと伝えられる。

追悼碑建立される

明治三十四年一月に、初代典獄月形潔の開村功労を記念して、北漸寺境内に頌徳碑が建立された（現在は月形樺戸博物館本監前に移転）。頌徳碑建立の中心となって力を尽くした鴻《おおとり》春《しゅん》倪《げい》は、撰文について、「是非潔君が地下に欣喜瞑目せらるるに非ざれば、折角建立せられたるも其甲斐も無き事故、（略）文の巧拙よりも、撰述す事実を精撰するが必要に付」（「北漸寺開創百周年記念誌」）と、万代に遺る碑文の大切さと、それも月形潔本人が悦ばなければ建立の意味はない、と言及している。それは潔への深い敬意と愛惜だった。

月形潔君之碑

月形君、名は潔、篁邨《こうそん》と号す。筑前福岡の人なり。世に儒者として黒田侯に仕う。父は健と曰い兄（注・従兄）は洗蔵と曰う。洗蔵は人と為り慷慨、義を好み、幕府の未だ至らざるに際し諸藩勤王の士と交わる。奔走するところ有るも終に国事のために斃る。朝廷其の功を追賞し従四位を贈る。君同志に応じ大義を唱導し、その名、頗る著わる。首《はじ》め福岡藩、権少参事に挙げ、その後司法省八等出仕、東京裁判所小検事を歴任し内務省に御用掛諸職を奏任され、明治十四年八月樺戸集治監典獄に遷さる。これに先だち内務省北海道に集治監を建つる有り、之が議により君を往かしめて其の地を相するに石狩国樺戸を以てす。内務卿之を納れ、ここに至り、現職を拝し獄舎経営し年を越えて竣功す。当時樺戸の地たるや荊榛《けいしん》瀰望《やぼう》にして鈇斤《ふきん》入らず挙げて荒蕪《こうぶ》に委ね加うるに冬期を以てす。酷寒にして人住むを得べきに非ざるなり。君命を受け専ら力を獄政に用い蕪を苅り莽《もう》を闢《ひら》き在監の囚徒をして執役せしめ、いくばくを亡う。地区豁開《かつかい》され移住する者、日々に稠《あまね》く蔚然《うつぜん》として一邨落を為す。開拓使、君の労を多とし月形村と命名す。君益々感奮勤苦《かんぷんきんく》し効果大いに彰わる。居ること五年職を罷《や》め、福岡に還りて大いに公共事業に力を竭《つく》し、二十七年一月八日病を以て歿す。享年四十八歳なり。頃日《けいじつ》、月形村の民、胥《あ》いに謀り将に君が為に碑を建て以て其の功を朽ちざらんとす。余に属して之を誌さしむ余君の兄弟（注・従兄）と蒿誼《こうぎ》あり辞すべからず、乃ちその平生を概記し以て之を授く。

明治三十三年一月八日

内務大臣海軍大将正二位勲一等侯爵　西郷従道　篆額

帝室制度調査局副総裁正二位勲一等伯爵　土方久元　撰文

前樺戸集治監教誨師北漸寺第一世秋葉現住　鴻　春倪　書

（『月形町史』／ルビは筆者）

月形樺戸博物館本監前に建つ月形潔追悼碑

　碑文の日付の三十三年一月八日は、月形潔没後の六年目で七回忌にあたり、それぞれが抱く感謝追慕の念が追悼碑を建立させたのだろう。
　碑の裏面には発起人八名の名前が刻まれていた。小塩清作、中野要吉、海賀直常、加来康雄、藤田軍平、鬼丸丑蔵、中島繁太郎、沢本吉五郎である。原始林の第一歩から労苦を共にしてきた仲間たちであり、何よりの理解者たちである。篆額《てんがく》の西郷従道は、筑前勤王派月形洗蔵とともに潔も親しく交わった西郷隆盛の弟で、九州鉄道会社設立の周旋では裏面で支えてくれた政府高官である。旧土佐藩士土方久元は八月十八日の変で西下した五卿の護衛員で、筑前大宰府の二年半、薩長同盟の仲介に力を寄せ合った同志だった。鴻春倪は初代教誨師となって月形典獄を支えた一人である。
　海賀は潔の訃報が届いた二十七年二月七日、依願解傭し、その後も月形村に定住して村づくりに取り組んだ。それは志半ばで樺戸を去った潔のめざした国づくりを、引き継ぐかのようであった。

樺戸集治監を展示再現した月形樺戸博物館本館

樺戸集治監はその後、樺戸監獄署（二十年一月四日〜二十三年七月二十一日）、樺戸集治監（―二十四年八月十五日）、北海道集治監樺戸本監（―三十六年三月三十一日）そして樺戸監獄と監獄名が変わり、大正八年一月二十日三十九年の幕を閉じた。樺戸集治監の最後を見届けるかのように、海賀直常はその四カ月後の五月二十二日没す。

翌大正九年九月七日、月形村で開村四十周年記念式が挙行された。

「月形の姓をいただいて四十年、遥に其の恩を思い追慕措《お》く不能ものあり即ち恭しく其の徳を表彰す」（『月形村史』）

本村創開の祖・故月形潔に彰徳表が贈られた。そして故海賀直常も「月形君に従いその創業をたすけ、以来多年各種官公の職に歴任して村治の発達に力を尽した」と、開村功労者として表彰を受けた。

海賀直常の石碑が円山公園の一隅に建立されたのは、昭和二十六年十二月である。「翁は資性剛毅果断国士の風あり退官後も開拓に従事し八代目戸長を始め幾多の要職に歴任」して終生を開拓事業に捧げたと、その功績をたたえたものであった。

九州人は体制に迎合しない反骨の精神とエネルギーを持っているといわれる。それは月形潔にも海賀直常にも通じるものがあったのかもしれない。

月形村は昭和二十八年に月形町となり、平成二十八（二〇一六）年には開村百三十五年を迎える。まさに「月形死すとも　月形死せず」の言葉通り、いまは緑豊かな農村地帯として栄え、矯正施設と共存する町づくりが受け継がれている。

現在、月形潔は大田区蒲田の天台宗安泰寺に、父、子、孫と共に眠る。

資料

■八重野範三郎・進藤喜平太・武井忍助宛月形潔書簡

（封筒表）
福岡
八重野範三郎殿
進藤　喜平太殿　　極密披
武井　忍助　殿

（封筒裏）
東京元数寄町壱丁目
壱番地　　土井錦方
封　　　月形　潔
十二月四日朝認

拝啓　各位御清適奉賀候、扨当地ニ於テ咬菜翁其他ト内儀周旋ノ始末左ニ列記及御内報候間、

御地ニ於テモ十二分ノ御尽力相成度、則時々状況御内報アレ

現代語訳

拝啓　皆様にはご清適のこととお喜び申し上げます。さて当地において咬菜翁（安場保和福岡県知事）そのほかの方々と内々の件に関する周旋の結果については左に列記して内々にご報告いたしますので、そちらでも十二分にご尽力いただきたく、その時々の状況を内々にお知らせくださ い。

一、◯◯進退ノ件ハ習頭ニ西・品両氏ヲ説キ、次テ高嶋子ヲ説破シ、其他ハ大木伯等も間接心配スル事ニ相成候、然ルニ初メハ本県代議士連モ十分執心セス、古荘・佐々辺モ内援遂ニ何連も一致協力、一方ニハ表面内務大臣ニ相迫り、一方ニハ西・大・品等ノ諸君より内部刺撃ノ手続相定専ラ運動中ナリ、高知県ノ近例もアリ、是非素志ヲ貫ク見込ニ付、其地ノ運動不必要ト存候、綿貫も昨日急ニ出発帰県仕り、委細御聞取被成候、頭山も既ニ心配奔走セリ

現代語訳

一、◯◯進退の件については、まず西（郷従道）・品（川弥二郎）両氏を説得し、次に高島（鞆之助）子爵を説破し、その他については大木（喬任）伯爵なども間接的ながら心配事となっています。ところが初めは本県の代議士連中は十分に重視せず、古荘（嘉門）や佐々（友房）あたりも内々に支援し、皆一致協力、一方で表から内務大臣に迫り、一方で西（郷従道）・大（木喬任）・品（川弥二郎）等の諸君より内部から刺撃する手続きを決めて専ら運動中です。高知県の最近の例もあり、ぜひ素志貫徹と見込んでいますので、そちらの運動は不要と存じます。綿貫（吉直）も急

ぎ出発しましたので、詳しくはお聞き取りになってください。頭山（満）もすでに心配して奔走しています。

一、咬菜翁より御申越候新聞ノ件ハ頭山・小生トモ御意見ニ異議ナシ、依テ咬菜翁より牟田へ返信候事ニ相決、一両日頭山・小生より川村ヲ説得シ、折角本人モ現職ヲ動クノ計画中ナリ、併し川村ハ当分爰元と内外奔走スル方利便ニ付、時機見合是非其地へ赴候様可致候間、其地新聞改良ノ御手配可被成候、尚咬菜翁よりも八重野君迄通信相成候筈

現代語訳

一、咬菜翁（安場知事）よりお申し越しになった新聞の件については、頭山（満）も私も安場知事のご意見に異議ありません。そこで、咬菜翁（安場知事）より牟田（常儀）へ返信することに決定し、一両日中に頭山（満）と私から川村（惇）を説得し、せっかく川村本人モ現職から異動する計画中です。しかし川村は当分こちらで内外奔走する方が利便であって、時機を見合わせてぜひそちらへ赴くようにすべきですので、そちらの新聞改良のご手配いただきます。なお咬菜翁（安場知事）よりも八重野君まで通信になるはずです。

一、久留米銀行より借入金ノ件又々咬菜翁え対シ谷より厳ナル督促書ヲ投シタリ、右ハ曾テ同行重役佐々等より咬菜翁迄申出ルニ、他ニ谷カ借金アリ、其抵当トシテ書入アル田地ハ十二分ノ抵当故、之ヲ割キ儀式的ニ右咬菜翁名前ノ抵当ニナシ呉レ候様との事ナリ、暫ハ諸君

御中合、谷へ御説得被下度候、是亦咬菜翁より委敷通牒ノ筈

現代語訳

一、久留米銀行より借入金の件については、またまた咬菜翁（安場知事）に対して谷（彦一カ）より厳しい督促書が投じられました。右についてはかつて同行重役の佐々（友房）等から咬菜翁（安場知事）まで申し出たのですが、他に谷の借金があり、その抵当として書き入れしている田地は十二分な抵当ですので、これを分割して、儀式的に咬菜翁（安場知事）名義の抵当にしてくれるようにとのことです。しばらくは諸君で申し合わせて、谷へご説得いただきたいと思います。このことについてもまた咬菜翁より詳しく通牒があるはずです。

一、右金策ノ件ハ西伯及咬菜翁等大ニ尽力、要所々々御内談相成居候、生も指示ニ随ひ奔走罷在候、又松方伯帰京ノ上ハ大ニ便利ヲ得ル事ナリ、願クハ同伯ノ帰京ヲ相待居候、右ハ秘中ノ秘中、御三名ノ外ニ決シテ漏洩セサル様相願候

現代語訳

一、右金策の件については、西（郷従道）伯（爵）および咬菜翁（安場知事）等が大いに尽力され、要所要所で内々にご相談になっています。私もその指示に従って奔走しております。また松方（正義）伯（爵）が帰京されたうえで、大いに便利を得ることでしょう。願わくは同（松方）伯の帰京を待っているところです。右は極秘の中でも極秘事項であって、お三方以外には決して漏洩しないように願います。

一、八重野君より相願候吉田恒次郎ト中者何方ノ巡査ナト採用方御尽力被下度、同人物ハ進藤君御承知ノ通大原より頭山へ申出、頭山よりも相願候、彼是御□□被下度候

現代語訳

一、八重野君よりお願いされた吉田恒次郎という者について、どちらかの巡査などとして採用されるようご尽力いただきたいと思います。同人は進藤（喜平太）君もご承知の通り、大原（義剛）より頭山（満）へ申し出て、頭山よりもお願いがありました。彼へ御□□いただきたく存じます。

一、小生も出発の際少許□□□急ニ上京、着後直ニ調金ニ着手候へとも大口不相運上ニ少位ノ金策ハ却テ不都合之事倶有之、依之一時綿貫ニ繰替サセ候手筈ナリシカ、是も急ニ帰県之事ニ相成、小生も頓ト運動費差支困難ノ極、就而ハ綿貫帰県之上ハ尚諸君よりも御打合至急百五拾円斗御調御送金被下候様御尽力奉願候、右金策相運候上ハ必返済之目的有之モ、兵糧ナシニテハ一歩モ運動難相成事情ニ御諒察可被下候

現代語訳

一、私も出発の際に［　　　］急いで上京し、到着後すぐに資金調達に着手しましたが、大口でうまくいかず、金策についてはかえって不都合な情況になっています。［　　　］これにより、一時的に綿貫（民輔）に繰り返させる手筈でしたが、彼も急に帰県することになりました。私も運動費に差し支えて困難の極みです。ついては綿貫（?）帰県の上は諸君ともお打ち合わせいただいて、至急一五〇円ばかりご調達のうえご送金くださるようご尽力をお願い申し上げます。右

金策がうまく運べば必ず返済の目的もたちますが、兵糧がなくては一歩も運動することはできない事情をご諒察ください。

一、昨日来数寄屋町壱番地土井錦ト申候宿屋ニ転宿候、節倹ヲ主トシタリ、併し是迄ノ体面もアリ、余りきたなき振も出来カタキ段ハ御推察被下候

現代語訳

一、昨日来数寄屋町壱番地「土井錦」という宿屋に転宿しました。節倹を主眼としていますが、しかしこれまでの体面もあって、あまりきたない振る舞いもできないことについてはご推察ください。

一、議会ノ有様ハ新聞紙上ヲ御参観アレ、今度ノ戦争ハ未曽有ノ珍事相発、我党ハ却テ反対ノ地ニ立候勢ニ移り、彼自称民党連カ内輪ノ有様ニ政府ノ政策等全く兼テノ推察通ニ相成候、此件ハ両三日中更ニ御詳報可申上候、終リニ一言スルニ、我党ハ七拾名乃至八拾名丈ハ足並ヲ揃へ其中立運動ヲナスノ決心ナリ、郡・津田も御入社ニ相決、既ニ其儀式モ相済候、右件々ハ極秘計ニ付、決テ他ニ漏洩セサル様重畳御注意奉願候、小生も日夜寸暇ナク為ニ極究等御推読被下度候、

草々頓首

月形　潔

十二月四日

八重野老台

進藤　老台

武井　老台

追テ其地ノ景況ハ当地運動上大関係アルニ付時々御報道被下度候、何も綿貫着県之上ハ直短被下度候

現代語訳

一、議会の有様は新聞紙上をご参照ください。「今度の戦争」はこれまでにない未曾有ノ珍事で、我が党はかえって反対の立場に立つ情勢に移り、彼ら自称民党の連中が内輪の有様については、政府の政策などまったくこれまでご推察の通りでございます。この件については二・三日内にさらにくわしくご報告申し上げます。最後に一言しますと、我が党は七十名あるいは八十名だけは足並みを揃えて中立運動を行う決心です。郡（保宗）や津田（守彦）もご入社に決定し、すでにその儀式も終わっています。

右の件々は極秘事項ばかりですので、決して他人に漏洩しないように重々ご注意願います。私も日夜寸暇もなく研究に尽くしていることをご推察ください。

草々頓首

月形　潔

十二月四日
八重野老台
進藤　老台
武井　老台

追て、そちらの状況はこちらの運動上大いに関係ありますので、時々はご報告ください。いずれにしても綿貫（吉直）が到着したらすぐにお願いします。

■月形潔関係年表

年号	月形潔関係	その他の出来事
天保十四年（一八四三）	5月9日、月形健、遠賀郡中底井野村で私塾「迎旭堂」を開く	
弘化三年（一八四六）	5月28日、竹（宮崎家）と結婚	
弘化四年（一八四七）	6月27日、父健母竹の長子として潔誕生。幼名直吉	黒田長溥、中島町に精錬所をつくる
嘉永二年（一八四九）		薩摩藩お由良騒動
嘉永三年（一八五〇）	月形深蔵（伯父）鞍手郡植木村等で教授	
嘉永五年（一八五二）	10月、従兄覚（洗蔵弟）木屋瀬に滞在	
嘉永六年（一八五三）		6月3日、ペリー浦賀に入港 7月1日、幕府、日米通商条約の可否を諸大名に問う
嘉永七／安政元年（一八五四）		1月11日、再びペリー江戸湾入港 3月3日、日米和親条約調印 8月、日英和親条約調印 12月、日露和親条約調印
安政二年（一八五五）		12月、日蘭和親条約調印
安政三年（一八五六）	10月17日、洗蔵宗像郡大島定番を命じられ、藩主に意見書を提出	7月、駐日米総領事にハリス赴任

安政五年（一八五八）	5月13日、洗蔵大島定番を辞す 8月、平野國臣脱藩	4月23日、井伊直弼大老に就任 6月19日、日米修好通商条約調印 7月6日、将軍家定没 7月15日、島津斉彬没 9月、安政の大獄
安政六年（一八五九）		9月、島津斉興没 10月7日、吉田松陰・橋本左内ら刑死
万延元年（一八六〇）	8月2日、中村円太ら脱藩 8月18日、洗蔵ら長溥に参勤反対の意見を述べる 11月14日、長溥は洗蔵ら月形一党を拘禁。「庚申の党事」 11月18日、長溥参勤につく	3月3日、桜田門外の変
万延二／文久元年（一八六一）	4月5日、長溥江戸から帰り、月形一党処分。「辛酉の獄」 5月14日、洗蔵古賀村に牢居。健閉門謹慎処分 12月9日、迎旭堂は宗像郡須恵村へ転居 月形潔元服	
文久二年（一八六二）	2月3日、宗像郡武丸村へ転居 3月27日、長溥京へ出立 4月5日、月形深蔵没。六十五歳 4月13日、大蔵谷回駕。平野國臣入牢 9月下旬、長溥上京し、翌年3月まで天幕	1月、坂下門外の変 2月、和宮、家茂と婚儀 2月11日、西郷隆盛奄美大島から赦免 3月、島津久光京都へ向けて出立

	一和実現に奔走	4月23日、寺田屋の変 6月、西郷隆盛再び徳之島へ遠島 8月、薩摩藩生麦事件
文久三年（一八六三）	3月29日、平野國臣釈放 6月3日、月形洗蔵釈放されるが外出禁止 7月、福岡、薩摩、熊本三藩協同成立	5月、長州が米仏を砲撃 6月、長州は米仏の反撃を受ける 7月2日、薩英戦争 8月18日の政変で七卿都落ち 10月12日、生野の変、平野國臣捕縛
文久四／元治元年（一八六四）	4月21日、月形潔、早川ら土方久元を訪ねる 7月26日、洗蔵は町方詮議掛兼吟味役に就く 11月29日、洗蔵は藩主より五卿受取り方を命じられる 11月、薩長和解周旋	3月、西郷隆盛沖永良部島から帰る 6月5日、池田屋騒動 7月19日、禁門の変。平野國臣六角牢で刑死 8月、馬関戦争 11月18日、第一次長州征討 11月、高杉晋作平尾山荘に潜居 12月15日、高杉晋作挙兵
元治二／慶応元年（一八六五）	1月、洗蔵五卿応接役に就く 3月、洗蔵五卿応接解任 6月26・27日、福岡藩内勤王派弾圧。洗蔵ら勤王派は謹慎逼塞処分。 6月26日、潔は喜多岡勇平殺害容疑で捕縛 7月6日、親元預けの謹慎処分となる 10月23日、洗蔵ら十五人斬首。加藤司書ら七人切腹。総勢一二〇人処分「乙丑の獄」	2月13日、五卿筑前大宰府着 2月、幕府は長溥に五卿の江戸護送を命じる 5月11日、土佐藩の武市半平太切腹処分

慶応二年（一八六六）	……	1月、薩長同盟成立 6月、第二次長州征討 7月、将軍家茂没 12月、徳川慶喜将軍に就く 12月25日、孝明天皇没
慶応三年（一八六七）	12月29日、潔は早川勇を幽牢先まで出迎える	1月、明治天皇即位 4月14日、高杉晋作没 9月、薩長連合軍東上 10月14日、慶喜大政奉還 11月6日、野村望東尼没 11月15日、坂本龍馬、中岡慎太郎京都近江屋で暗殺される 12月9日、王政復古の大号令。江戸幕府滅亡 12月、五卿京へ戻る
慶応四／明治元年（一八六八）	2月4日、「乙丑の獄」処分者は全員復権 4月7日、藩命で京都遊学 4月8日、福岡藩佐幕派三家老切腹処分 5月、奥羽探索の命で東行 8月6日、関東鎮将府官掌に任命 11月5日、前大総督有栖川宮親王凱旋の扈従に就き翌月20日帰国	1月、戊辰戦争始まる 2月12日、徳川慶喜上野寛永寺に蟄居 3月13・14日、西郷、勝海舟と会見 4月、江戸開城 4月14日、五箇条の御誓文 5月3日、奥羽越列藩同盟成立 7月17日、江戸を東京と改称 9月8日、慶応から明治へ改元。一世一元の制

明治二年（一八六九）	1月、納戸勤三十俵を賜わる 5月21日、潔に改名 6月、長溥版籍奉還し長知に家督を譲る 8月26日、藩執政局・軍事局両副議事を兼務 12月2日、執政局・軍事局議事へ昇進 8月、福岡城下鍛冶小屋に転居	9月22日、会津降伏 5月18日、戊辰戦争終結 7月、開拓使設置 8月15日、蝦夷を北海道と改称 8月、北海道奥尻・久遠を福岡藩分領地支配
明治三年（一八七〇）	2月27日、牧イソと結婚 3月10日、福岡藩権少参事 5月、東京出張を命じられる 7月18日、福岡藩贋札事件摘発。20日関係者全員逮捕	9月19日、四民平等。苗字使用許可。
明治四年（一八七一）	11月1日、梓養子入籍 3月29日、贋札事件処分。長知罷免、福岡藩は幕を下ろした 3月29日、潔大属へ降格 7月2日、有栖川宮藩知事に就任	4月4日、戸籍法制定 7月14日、廃藩置県。有栖川宮初代福岡県知事就任 8月、東京・大阪・東北・鎮西（小倉）に四鎮台を置く 8月9日、散髪脱刀令 8月28日、賤民制廃止
明治五年（一八七二）	3月、有栖川宮知事任期満了で帰京する 4月19日、月形潔福岡県権典事 8月、潔典事に昇格 8月、学制の主旨説明で各地へ 12月、血税騒動で県内各地へ	2月、壬申戸籍完成 8月3日、学制公布 11月9日、太陽暦採用布告 太陽暦の導入により、明治五年は12月2日まで、3日を6年1月1日

明治六年（一八七三）	6月9日、家督相続をする 6月16日、筑前竹槍一揆発生 9月、県に辞表を出して上京 10月、司法省八等出仕 長女律誕生	とする 1月10日、徴兵令布告 7月4日、福岡県令着任 7月28日、地租改正条例布告 10月25日、西郷、江藤、板垣ら征韓論に破れ辞職 11月10日、内務省設置。29日、大久保利通内務卿に就く
明治七年（一八七四）	3月16日、母竹病没、五十六歳 3月〜4月、佐賀の乱取調べ 8月、ハーバー殺害事件で函館へ	1月、東京警視庁設置 2月1日、佐賀の乱起こる 10月、屯田兵例則制定
明治八年（一八七五）	6月、司法省権少検事となり大審院詰 12月27日、少検事に昇格。東京裁判所詰 8月19日、長女律没。二歳	6月28日、讒謗律・新聞紙条例定める
明治九年（一八七六）	1月25日、正七位 長男脩誕生 4月、司法省少検事昇格	3月28日、廃刀令 8月5日、家禄・賞典禄を廃し金禄公債証書を発行 9月、札幌農学校開校 10月24日、熊本神風連の乱 10月27日、秋月の乱 10月28日、萩の乱 10月29日、思案橋事件
明治十年（一八七七）	2月28日、3月1、6日、有栖川宮征討総督を訪ねる 3月、長知に同行し武部ら説得。少検事と	1月、福岡「十一学舎」結成 2月15日、西南の役起こる 2月26日、柳原前光と長溥は久光を

	して九州・内務省を飛び回る 8月31日、9月10日、15日付、呼出状あり	説得 3月28日、福岡の変 5月26日、木戸孝允病没 9月24日、西郷隆盛自刃
明治十一年（一八七八）	10月、藤田組贋札事件発覚	5月14日、大久保利通殺害される「紀尾井坂の変」
明治十二年（一八七九）	11月5日、内務省監獄局御用掛准判に任命 12月26日、藤田組上申書下書き	7月、内務省に監獄局設置 12月20日、藤田組贋札事件容疑者全員無罪放免
明治十三年（一八八〇）	4月16日、内務省監獄局御用掛准奏任 4月17日～6月5日、北海道現地調査 7月1日、父健が潔宅に滞在。～翌年7月15日迄 8月7日、再び北海道へ 11月、建設工事開始	11月21日、札幌－小樽間鉄道開通
明治十四年（一八八一）	1月1日、長男脩没。五歳 3月14日、帰京 5月15日～7月6日、従兄覚が潔宅に滞在 5月末、囚徒四十人到着 6月6日、内務省権少書記官に任命 6月7日、家族を伴い北海道へ 6月、月形村と定める村名通達 7月、渡辺惟精工事現場に来る 8月、一切の建築完成 9月3日、樺戸集治監開庁。初代典獄に任	4月7日、農商務省設置 7月29日、北海道官有物払下げ事件 7月30日～10月11日明治天皇、東北・北海道巡幸 10月12日、北海道官有物払下げ中止。大隈重信罷免

	命 9月13日、猿楽町にて父健没。七十歳 9月、林地の開墾を始める 9月25～28日、当別村を巡回 10月18日まで一万八六四〇余坪を石狩川河畔に拓く	
明治十五年（一八八二）	1月25日、囚徒の防寒用の増品上申却下 1月下旬、須倍都農場を拓く 2月下旬、知来乙農場を拓く 3月3日、監獄内軽罪裁判権許可 4月～9月、イナゴ大量発生 5月4日、福移移住者五十戸一七五人 6月30日、弟整没。三十二歳 9月27日、囚徒の防寒品給与願 10月、小学校簡易認可 10月、永倉新八剣術指南に	2月8日、開拓使制から三県一局に 7月5日、空知集治監開庁 9月、藤田組贋札事件の犯人熊坂長庵逮捕 11月13日、岩見沢－幌内間鉄道開通 11月、福島事件
明治十六年（一八八三）	1月、福岡より弁華別移住二十八戸七十七人 5月30日、福移移住の件が函館新聞に 6月、建部彦麿来監 7月、鴻春倪教誨師に 7月、「北海道移住福岡県士族救恤委員会」を東京で結成。新聞に募金広告。 8月23日、第二回弁華別移住二十二戸六十九人。	4月14日、三池集治監開庁 4月16日、新聞紙条例改正、取締り強化 6月29日、出版条例改正 7月7日、鹿鳴館落成 7月29日、岩倉具視没

年	事項	一般事項
	8月27日、当別仮道路開通 9月3日、上川地形調査出張 北海道移住民意見書上申 11月、札幌警察署樺戸分署設置	
明治十七年（一八八四）	3月、贋札事件犯人熊坂長庵樺戸へ送監 4月17日、ピストルの携帯許可 集治監で稲作を試みるが失敗 8月10日、参議安場保和巡視団樺戸集治監来監 8月19日、月形潔戸籍を樺戸に移す 8月27日、満入籍一歳七カ月 秋、石狩川に外輪鉄船就航。監獄波止場設置 10月6日～17日、上川郡巡回 12月、安場参議宛「北海道開拓意見書」作成 12月12日～20日、第一回全国監獄事務諮詢会開催	5月13日、群馬事件 7月7日、華族令公布 8月10日、八王子御殿峠で窮民一万人蜂起 9月23日、加波山事件 11月1日、秩父困民党蜂起 12月4日、飯田事件 12月17日、名古屋事件
明治十八年（一八八五）	春、内務卿宛復命書 5月、北漸寺仮御堂建立 7月27日、典獄非職通達 8月20日、月形潔樺戸を去る 8月、二代目典獄安村治孝着任	6月25日、内務省機構改革発表 7月、75日間金子堅太郎北海道三県巡視。七議の意見書提出 8月4日、山県有朋内務卿の「囚徒厳重懲戒の件」訓示 11月10日、釧路集治監開庁 12月22日、太政官制を廃し、内閣制

明治十九年（一八八六）	東京で薬品問屋を営む 2月10日、樺戸集治監本庁舎焼失 4月2日、免官位記返上を命じられる 4月、熊坂長庵急死 9月28日、九州鉄道会社設立のため第一回創立委員会開く 9月～12月にかけて東京で周旋活動をする 12月20－24日、第二回創立委員会	度を設ける。伊藤博文内閣発足 1月、三県一局制から北海道庁制へ 2月、安場保和福岡県知事に就任
明治二十年（一八八七）	1月8日、第三回創立委員会 8月11日、福陵新報発行 3月、金子堅太郎来福の懇親会	4月20日、伊藤首相は鹿鳴館で仮装舞踏会開催
明治二十一年（一八八八）	6月27日、九州鉄道会社設立 7月26日、黒田長知公来福歓迎会 10月、月形潔九州鉄道入社	8月18日、三池鉱山を三井に払下げる
明治二十二年（一八八九）	6月27日、養子満没。六歳	2月11日、大日本帝国憲法発布 8月、筑豊鉄道株式会社設立 10月18日、外務大臣大隈重信が玄洋社々員来島恒喜に襲われる 12月、山県有朋内閣発足 12月11日、博多－千歳間鉄道開通 7月1日、第一回衆議院選挙 11月25日、アジアで最初の国会開会

明治二十三年（一八九〇）	9月15日、従兄覚木屋瀬にて没 10月28日、三池集治監二代典獄に赴任した渡邊惟精と博多で面談。安場、山崎、中原同行	
明治二十四年（一八九一）	11月12日、三池集治監に渡邊を訪問 12月7日、月形恒の三男七郎生れる	5月6日、松方正義内閣発足 12月25日、国会解散
明治二十五年（一八九二）	2月、玄洋社と選挙活動	2月11日、第二回衆議院選挙（流血選挙） 7月20日、安場保和県知事更迭 8月8日、第二次伊藤内閣発足 12月30日、国会解散
明治二十六年（一八九三）	12月21日、養子縁組した七郎の出生届を出す	3月1日、第三回総選挙
明治二十七年（一八九四）	1月8日、中州にて逝去 3月24日、養子梓離縁	8月1日、日清戦争勃発
明治三十四年（一九〇一）	1月、北漸寺に月形潔頌徳碑建立	
大正八年（一九一九）	1月20日、樺戸監獄（旧樺戸集治監）三十九年の歴史を閉じる。廃監 5月22日、海賀直常没	

■月形家家系図

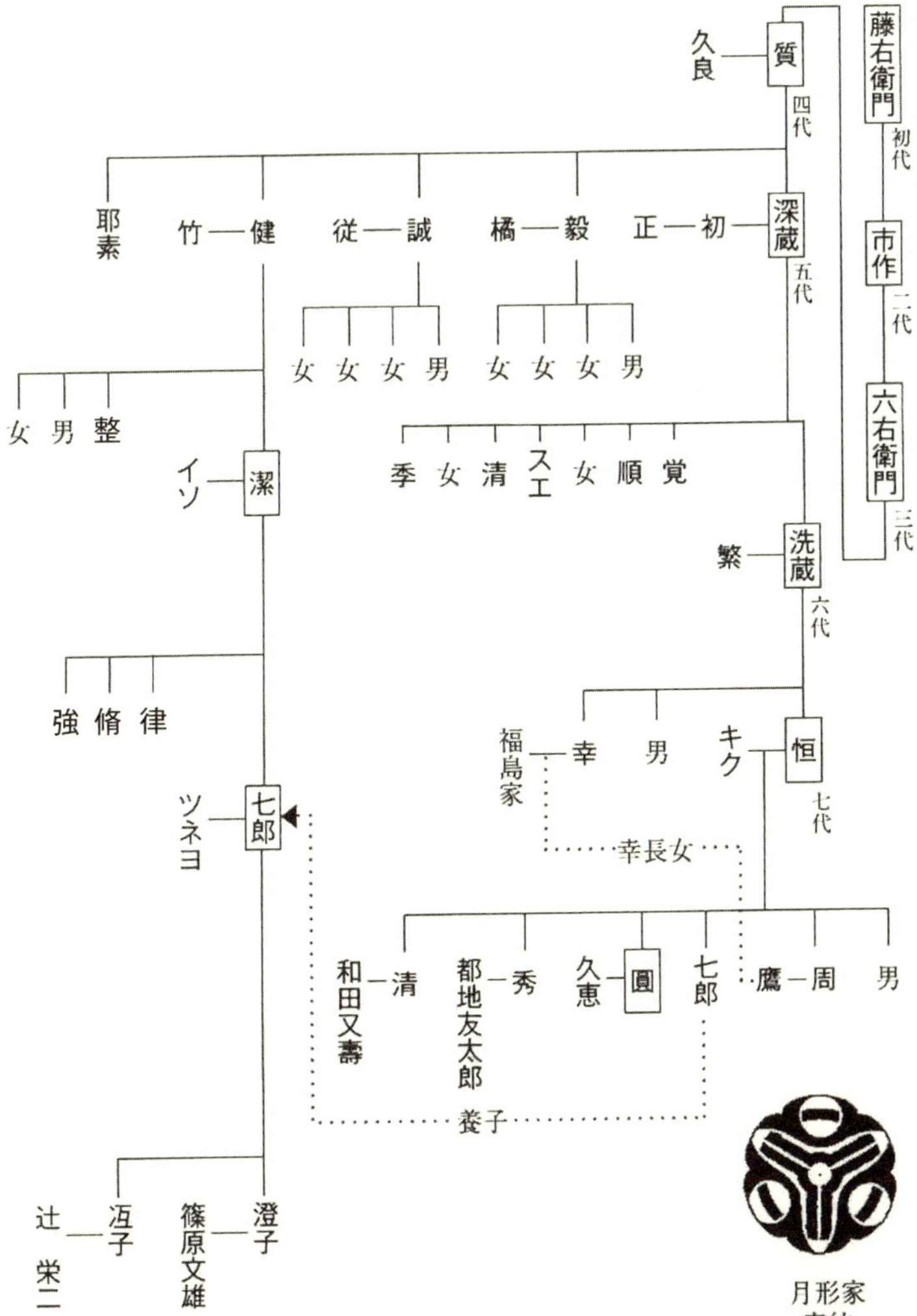

月形家
家紋

参考文献

海賀直常著『月形村沿革誌』私家版、一九一四年
玄洋社々史編纂会編『玄洋社社史』玄洋社、一九一七年
阿部正巳「函館駐劄独逸領事ハーバー殺害事件」（日本歴史地理学会・日本歴史地理研究会・日本歴史地理学会編『歴史地理』第35巻、吉川弘文館、一九二〇年）
「筑紫史談」三十五号、筑紫史談会、一九二五年／四十一－四十三号号、一九二七－一九二八年
堂屋敷竹次郎『北九州の人物』下巻、金栄堂書店、一九三一年
清野謙次編『明治初年北海紀聞　北海道・千島・アイヌ』岡書院、一九三一年
長野遐編・刊『月形家一門』一九三七年
佐佐木信綱編『野村望東尼全集　夢くらべ』野村望東尼全集刊行会、一九五八年
邑井操『維新の群像』社会思想社、一九六五年
小西四郎『日本の歴史19　開国と攘夷』中央公論社、一九六六年
井上清『日本の歴史20　明治維新』中央公論社、一九六六年
色川大吉『日本の歴史21　近代国家の出発』中央公論社、一九六六年
榎本守恵『北海道精神風土記』みやま書房、一九六七年
毎日新聞西部本社編『明治百年　福岡県の歩み』毎日新聞社、一九六八年
「筑紫史談」第六集、福岡県文化財資料集刊行会、一九六九年
榎本守恵・君尹彦著『北海道の歴史』山川出版社、一九六九年
土方久元『回天実記』幕末維新史料叢書第七巻、新人物往来社、一九六九年
鹿野恵造『鹿野恵造回想録』私家版、一九七〇年
重松一義『北海道行刑史』図譜出版、一九七〇年
真鍋元之『西郷隆盛　その人と生涯』金園社、一九七二年
寺本界雄『樺戸監獄史話』月形町、一九七二年
松本清張『西郷札』新潮社、一九七三年
清漣野生遺著『明治丁丑福岡表警聞懐旧談　明治十年福岡の変始末記』大和叢書第二号、大和塾道場、一九七三年
江副敏夫『遠賀郡近郷村の寺小屋』中間郷土史会、一九七四年

平野邦雄・飯田久雄共著『福岡県の歴史』山川出版社、一九七四年
読売新聞西部本社社会部編『読売新聞に見る九州・山口の百年』成美堂、一九七五年
矯正図書館編『監獄事務諮詢会記事』矯正協会、一九七五年
清漣野生編述「明治癸酉筑前一揆党民竹槍史談（「部落開放史ふくおか」第3号、福岡部落史研究会、一九七六年）
重松一義編『典獄月形潔とその遺稿　筑前勤王派が彩る北海道開拓の足跡』福岡矯正管区文化部、一九七七年
福岡県警察史編纂委員会編『福岡県警察史』明治大正編、福岡県警察本部、一九七八年
原康史『激録新撰組』別巻、東京スポーツ新聞社、一九七八年
「高崎親章外二十人始末書」第五号（鹿児島県維新史料編さん所『鹿児島県史料』西南戦争第一巻、鹿児島県、一九七八年）
松本清張監修『明治百年100大事件』上巻、三一書房、一九七九年
福井周道『樺戸の長庵先生　そこでもナゾにつつまれて』私家版、一九七九年
『北海道と共に百年』大成建設株式会社札幌支店編・刊、一九八〇年
朝日新聞社西部本社編『石炭史話（改訂版）』兼光社、一九八〇年
『吉木続旧記』福岡県文化会館、一九八〇年
榎本守恵『北海道の歴史』北海道新聞社、一九八一年
福岡市市長室広報課編『ふくおか歴史散歩』第二巻、福岡市、一九八二年
川添昭二・福岡古文書を読む会校訂『黒田家譜』第六中、文献出版、一九八三年
弁華別開基百年記念部落史編集委員会編『あそいわ弁華別開基百年記念誌』弁華別開基百年記念協賛会、一九八三年
長谷川嗣『空知集治監初代典獄渡辺惟精の日記　空知・宮城・三池監獄裏面史』北海道出版企画センター、一九八三年
建部武四郎『大いなる歳月　建部の系譜』私家版、一九八三年
松浦武四郎原著／更科源蔵・吉田豊共訳『近世蝦夷人物誌』農山漁村文化協会、一九八三年
『明治ニュース事典』1、毎日コミュニケーションズ出版、一九八三年

「北漸寺開創百周年記念誌」樺戸北漸寺、一九八四年
修猷館二百年史編集委員会編『修猷館二百年史』修猷館二〇〇年記念事業委員会、一九八五年
小田部博美『博多風土記』海鳥社、一九八六年
中村昌治『八十八歳の郷土誌』中央公論事業出版製作、一九八六年
加来耕三『大久保利通と官僚機構』講談社、一九八七年
日下藤吾『討幕軍師平野國臣』叢文社、一九八八年
福岡シティ銀行編『博多に強くなろう』第一・二巻、葦書房、一九八九年
石瀧豊美「廃藩置県と福岡」（西日本文化協会編『福岡県史』近代研究編第一巻、福岡県、一九八九年）
小宮邦雄『加藤司書と筑前勤王党』福岡県護国神社文化講座叢書三、福岡県護国神社、一九八九年
熊谷正吉『樺戸監獄』北海道新聞社、一九九二年
藤田敏男編『旭川新書』№1、自治労旭川市職員労働組合、一九九三年
『日本史大事典』平凡社、一九九三年
熊谷正吉「続日本刑事政策史上の人々4　月形潔」（日本刑事政策研究会報「罪と罰」第三十一巻四号、日本刑事政策研究会、一九九四年）
「頭山満」（「博多に強くなろう」№61、西日本シティ銀行、一九九四年）
力武豊隆「『禁門の変』と福岡藩論の確立過程について」（『福岡県地方史研究』34号、福岡県地方史研究会、一九九六年）
網走監獄保存財団編『北海道集治監論考』弘文堂、一九九七年
石瀧豊美『玄洋社発掘　もうひとつの自由民権』西日本新聞社、一九九七年
田中義男『北海道開拓と炭鉱、鉄道、集治監の光と影』私家版、二〇〇一年
重松一義『三池集治監小史』大牟田史囚人墓地保存会、二〇〇一年
小野義秀『日本行刑史散策』矯正協会、二〇〇二年
羽田信三編『シノロ　140年のあゆみ』「シノロ」協賛会、二〇〇三年
鳥巣京一「明治初年九州諸藩と北海道開拓」（「経済学研究」六十九号、九州大学経済学会、二〇〇三年）
栗田藤平『雷鳴福岡藩　草莽早川勇伝』弦書房、二〇〇四年
『大久保利通文書』第七巻、マツノ書店復刻、二〇

〇五年
「鎮魂　歴史探訪　負の遺産」大牟田史囚人墓地保存会37周年記念誌、大牟田囚人墓地保存会、二〇〇五年
安場保吉編『安場保和伝』藤原書店、二〇〇六年
「筑前維新への道」九州文化図録撰書第七巻、のぶ工房、二〇〇九年
成田智志『監獄ベースボール　知られざる北の野球史』亜璃西社、二〇〇九年
杉山四郎『アイヌモシリ・北海道の民衆史』中西出版、二〇一〇年
松本清張『疑惑　不運な名前』文藝春秋、二〇一一年
姫嶋瑞穂『明治監獄法成立史の研究』成文堂、二〇一一年
「広報みかさ」開庁一三〇年号、三笠市総務課、二〇一一年
若林滋『流刑地哭く』中西出版、二〇一二年
「解脱塔　囚人墓地の由来」大牟田囚人墓地保存会、二〇一三年
当別村・吾妻阿蘇男編『当別村史』当別村、一九三八年
『月形村史』月形村編・刊、一九四二年
福岡市役所編『福岡市史』第一巻明治編、福岡市役所、一九五九年
『福岡県史』第四巻、福岡県、一九六五年
『三笠市史　空知集治監』三笠市役所編・刊、一九七一年
『当別町史』当別町編・刊、一九七二年
芦屋町誌編集委員会 編『芦屋町誌』芦屋町、一九七二年
佐賀県史編さん委員会編『佐賀県史』下巻、名著出版、一九七四年
増毛町史編纂委員会編『増毛町史』増毛町、一九七四年
鹿児島県維新史料編さん所編『鹿児島県史料』西南戦争第一巻、鹿児島県、一九七八年
『直方市史』下巻、直方市役所、一九七八年
『甘木市史』上巻、甘木市史編さん委員会編・刊、一九八二年
月形町史編さん委員会編『月形町史』月形町、一九八五年
函館市編・刊『函館市史』通説編第二巻、一九九〇年
中間市史編纂委員会編『中間市史』中巻、中間市、一九九二年

西日本文化協会編『福岡県史』近代資料編士族授産、一九九二年
西日本文化協会編『福岡県史』通史編近代第三巻、二〇〇三年
「函館新聞」一八八三年、五月三十日付
「東京日日新聞」一八八三年七月十九日付
「福岡日日新聞」一八九四年一月九日
「読売新聞」一八八三年七月十八日
「北海回覧記」月形樺戸博物館蔵
「上川出張日記」月形樺戸博物館蔵
「北海道移住民意見書」月形樺戸博物館蔵
「上川郡地方巡回日誌」月形樺戸博物館蔵
「北海道開拓意見書　月形潔」北海道立文書館蔵
「織仁親王日記」巻二、国立国会図書館デジタル化資料
「安藤則命上申書」国立国会図書館蔵

協力

国立国会図書館
東京都立中央図書館
国立公文書館
矯正図書館
北海道立図書館
北海道立公文書館
月形樺戸博物館
当別町資料館
旭川文学資料館
奥尻町教育委員会
函館市中央図書館
愛川町郷土資料館
桑名市立中央図書館
山口県立図書館
福岡県立図書館
福岡市総合図書館
北九州市立中央図書館
北九州市立八幡図書館
岡垣サンリーアイ図書館
鞍手町歴史民俗博物館
九州鉄道記念館
福岡県議会事務局

あとがき

はじめて月形潔と対面してから、二年余の月日がながれました。その間に三回ほど月形町を訪ねましたが、二回はJR札沼《さつしょう》線（学園都市線）を利用しての訪町でした。札幌から石狩月形まで直通電車はなく、途中石狩当別駅で乗り換えなければなりません。ところがその本数たるや当別まで五十七本が、その先は八本に減少して時刻を調べて行かないと、半分は三時間近く待つ悲劇がまち受けているのです。

石狩当別駅で長い車両を切り離し、二両で軽快に走り始めた電車は街と別れて山に近づき、樹木をくぐり畑地を横切り、穀倉地帯へと景色は一変します。ときは六月、知来乙《ちらいおつ》駅を過ぎると沿線には拓けた田畑がつづき、少雨で田植えが遅れたと聞いていたのですが、田圃は満々と水を張り早苗が風にそよいでいました。月形潔の念願だった稲作が、いまは旭川（上川）までも可能になっているのです。

その最初の一鍬は明治十四年の月形潔の試作に始まったことを思うと、早苗のきらめきが潔の笑顔と重なります。札沼線の知来乙、石狩月形、札比内《さっぴない》などの駅名を聞くと、感慨一入のものがありました。

いま書き終わって考えると、月形潔が北海道と出会ったことは幸運だったと言えるでしょう。九州人の情熱と一途なサムライ魂は、苦難の多い厳寒の地にこそ発揮できる、と私は確信しているのです。

さて評伝の内容について皆さまにお許しを頂きたいのですが、過去に他の研究者が明記されている事例も、私自身が資料を確認できずにやむなく省いたものがいくつかあります。逆に資料との照合によって訂正した箇所もあります。あくまでも調査過程なのでお許しいただきたいと思います。また月形潔の妻子に関して、二男一女をもうけていますが三児とも夭逝し、養子三人も判明したのですが家庭生活が一切不明のため、これも省略いたしました。今後、解明できる資料が発見されるのではないかと期待しております。

本書の執筆にあたり、なんども挫けそうになる私を多くの方々のご教示、ご協力で支えて頂きました。紙面をお借りしましてお名前を掲げ、心からお礼を申し上げます。有り難うございました。

【北海道】小林恒人、伊藤政信、棚田隆行、成田智之、櫻庭誠二、熊谷正吉、野本和宏、

楠順一、谷津邦夫、羽田信三、東前寛治、稲垣森太、森川潔
【東　京】篠原澄子、海賀信好
【山　口】一坂太郎
【福　岡】力武豊隆、岡部定一郎、武部自一、伊佐元子、石瀧豊美、古閑道子、井手川泰子、田中榮子、那須俊春、平山光子、松本卓士、日比野利信、真鍋彰浩、八幡郷土会古文書を読む会、ほか多数の方々

〈敬称略〉

末尾になりましたが、月形潔書簡の翻字・現代語訳を引き受けて下さった北九州市立自然史・歴史博物館の日比野利信氏、昨今の出版事情厳しい折、企画出版を決断していただいた海鳥社の西俊明社長、煩多な編集作業にご苦労された編集の柏村美央氏に、この場をお借りしまして感謝とお礼を申し上げます。

平成二十六年七月吉日

栈　比呂子

栈　比呂子（かけはし・ひろこ）
北九州市生まれ。劇作家。主な著書に『化石の街　カネミ油症事件』『男たちの遺書　山野炭鉱ガス爆発事件』(共に労働経済社),『メダリスト』(毎日新聞社),『うしろ姿のしぐれてゆくか 山頭火と近木圭之介』『求菩提山　私の修験ロード』『やさしい昭和の時間　劇作家伊馬春部』（共に海鳥社）など多数。

評伝《ひょうでん》 月形潔《つきがたきよし》

■

2014年9月1日　第１刷発行

■

著者　栈　比呂子
発行者　西　俊明
発行所　有限会社海鳥社
〒812-0023 福岡市博多区奈良屋町13番4号
電話092(272)0120　FAX092(272)0121
http://www.kaichosha-f.co.jp
印刷・製本　大村印刷株式会社
ISBN978-4-87415-911-8
［定価は表紙カバーに表示］